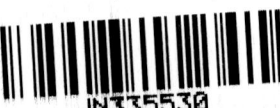

Basic Guide and Practice

店長と
スタッフのための

接客

基本と実践

鈴木比砂江

同文舘出版

はじめに

やり方を少し変えるだけで、接客はワクワクするものになる

- 正しい敬語が使えない
- 店頭が落ちついているときにはボーッと立っていて、先輩から注意を受ける
- 商品知識をなかなか覚えられず、接客をしてもまったく説明できない
- お客様にどんなことを質問したらよいかわからないので、会話がはずまない
- 対応するスピードが遅くてお客様に舌打ちされてしまう
- クレジットカードの控えを渡し忘れてしまい、お客様へお詫びの電話をし、後日郵送する

誰のこと？　ひどいスタッフだなあ……そう思いますよね。

これらは、すべてかつての私のことです。私は人一倍覚えるのも行動も遅く、いわゆる要領の悪いスタッフでした。ミスをするたびに、全身の毛穴から変な汗が出てくるのを感じ、頑張っているつもりなのに売れないことに対して、「私は接客に向いていないのだろうか」と落ち込み、悩む日々を過ごした経験があります。

現在、私は研修や店頭指導、コンサルティング活動を通し、北海道から九州までさまざまな業種の店舗のお手伝いをさせていただいています。

その中には、自分の思っているように接客ができなくてモヤモヤしている方、再来店くださるお客様が増えないと嘆いている方、もっと売らなくてはと意気込んでいる方、といろいろな方がいらっしゃいます。

その一方で、ファンのお客様が多く、毎月売上をしっかり達成して、１回１回の接客を楽しそうに行なっているスタッフの方たちもいらっし

ゃいます。

この違いは何でしょうか？　扱っている商品の違い？　お店の立地の違い？　それとも、接客に対するセンスの違い？
どれも違います。あなたもあなたのお店の商品も、負けているわけではありません。違うのは、お客様の気持ちを動かすポイントを知り、実践しているかどうかだけです。たったそれだけの違い。でも、そのポイントの実践があることで、立ち寄ってくださったお客様は店内の雰囲気に温かい空気を感じ、接客によって思わず心を動かされてしまうのです。

接客のやり方を少し変える。それだけで、お客様と今よりも楽しい時間を過ごすことができるようになります。面白いように「売れる」という体験をすることができるようにもなります。接客って、苦しいことではなく、ワクワクするものなのです。

私は不器用なので、本当に数えきれないほどの失敗を重ねてきました。先輩から厳しく注意を受けたこともありますし、お客様を怒らせてしまったこともあります。失敗し、反省し、行動に移す。ひたすらその繰り返しでした。
しかし、人一倍失敗してきたからこそ、人一倍学ぶことができたのだと思います。接客の仕事を通して、相手のことを考えて動くことの大切さを学びました。お客様から、どの商品がよいかと一緒に悩んで、一緒に喜ぶやりがいをいただきました。そして、日頃のどんな業務もお客様に通じていることを教えてもらいました。

失敗も、売れなかった経験も、今となってはよい思い出です。ですが、だからこそ、皆さんにはもっと早くその楽しさややりがいを感じてもらいたいと思います。せっかく接客という仕事を選ばれたのであれば、思いきり楽しんでほしいのです。接客のやりがいでもある「売れる」という体験を重ねてほしいと思います。本書はそのための手引きとなればと思い、書き進めました。

難しい内容は全然ありません。意識すればできる。そんな項目ばかりです。お客様の気持ちを「買いたい」「また来たい」へと動かすためのエッセンス集です。もしかしたら、「そんなことわかっているよ」ということもあるかもしれません。しかし、ぜひ「わかっているかどうか」ではなく、「できているかどうか」に意識を向けて読んでみてください。きっとたくさんの気づきが得られるはずです。

加えて、ちょっぴりお願いです。本書をぜひお店のバックヤードに置いてください。そして、毎日パラパラとめくって「今日はこれをやってみよう」と決めて、取り組んでみてください。１週間に１項目でもけっこうです。

その積み重ねが、あなたの接客力を劇的に向上させてくれるでしょう。あなたが今よりももっと接客を楽しめる。そして、あなたのファンが増えていく。そんなお手伝いができるとうれしいです。

鈴木比砂江

Contents

店長とスタッフのための
接客 基本と実践

居心地のよい空間づくりのための接客ハート Part 2

Part 3 売上がアップする！ 好印象な販売メソッド

お客様の心をつかむために必要な「観察力」 Part 4

信頼性を高める「商品知識」 Part 5

見落としがち！お店の雰囲気づくり Part 6

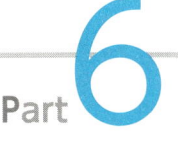

売場での「困った」に対処する

Part 7

Part 8

お客様がまた来たくなる接客サービス

カバーデザイン／村上顕一
本文デザイン・ＤＴＰ／ムーブ（新田由起子、徳永裕美）

第一印象が決め手！
差がつく接客の基本

Part 1

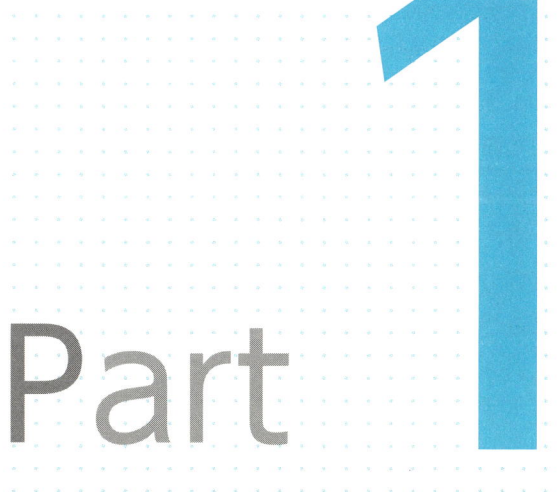

01

お客様が感じる商品価値は接客力次第

自分たちの意識で変えられることを変えていこう

商品力？　立地？

お店をまわっていると「うちで扱っている商品は特別安いわけではないんです。だからお客様も何度もうちで買おうと思わないんでしょうね」とか「うちは立地がよくないと思うんですよね。駐車場も小さいですし……」といった声を、スタッフから聞くことがあります。

商品力や立地は、もちろんいいに越したことはありません。でも、一度考えてみてほしいのですが、店頭にいる私たちがお店を移転させることができるでしょうか？　簡単に取扱商品を変えることができるでしょうか？　それはかなり難しいはずです。

だったら、変えられないことを嘆くよりも、自分たちが意識をすれば変えられること、そこに注力していったほうがずっと、あなたもお店も成長していくのではないでしょうか？

接客で、お客様に届く価値を大きくしよう

右ページの図をご覧ください。上が接客力の弱いスタッフ、下が接客力を持っているスタッフの、お客様への商品価値の伝わり方です。どうでしょうか？

同じ商品力であっても、接客力が弱ければその大きさの分しかお客様に価値は届きません。

一方、接客力がしっかりあれば商品力がしっかり伝わりますし、もっと接客力を高めることができたら、商品力以上の大きな価値をお客様が感じることができるのです。本書では、この接客力の幅をどうしたら広げていけるのか、そのエッセンスをお伝えできればと思います。

商品力と接客力の関係

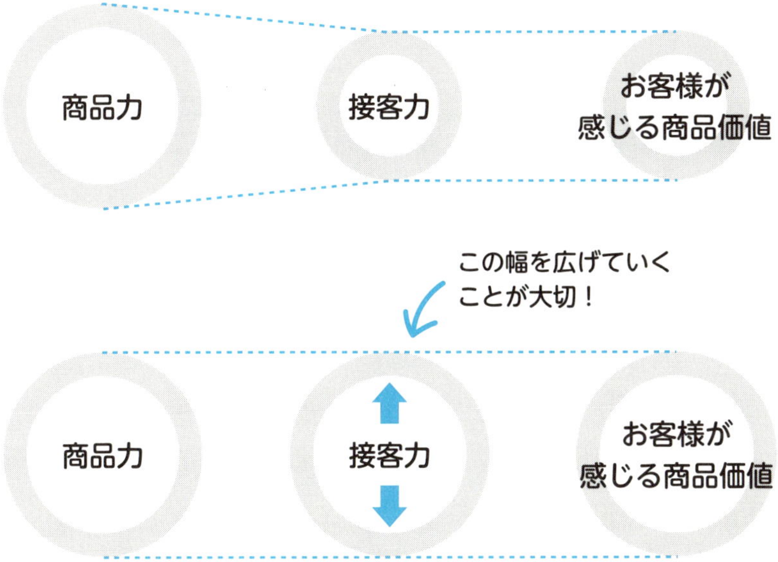
商品力
接客力
お客様が
感じる商品価値
この幅を広げていく
ことが大切！
商品力
接客力
お客様が
感じる商品価値

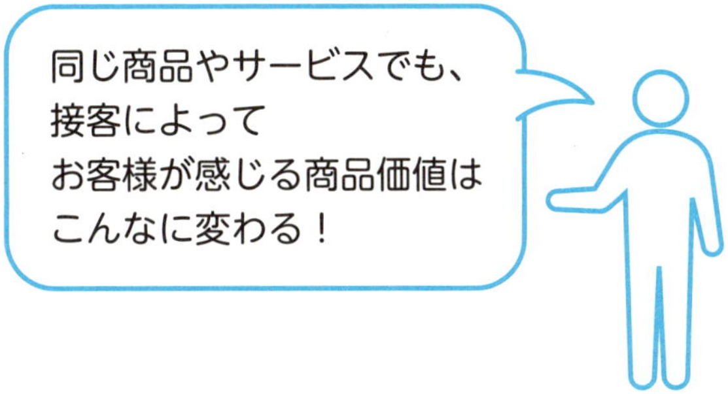
同じ商品やサービスでも、
接客によって
お客様が感じる商品価値は
こんなに変わる！

CHECK

スタッフの接客力で、お客様が感じる商品価値が決まる

02 売れるスタッフ、愛される スタッフはどんな人？

環境のせいにせず、自ら動こう！

売れるスタッフ、お客様に愛されるスタッフの共通点

私は研修や指導で、全国1000店舗以上のお店のスタッフ教育に携ってきました。その中で、各店のトップ販売員や、ファンの多いスタッフの方たちとお話をする機会も多くあります。

もちろん、業種によって扱っている商品やサービスも違いますし、お客様の年齢や性別も異なります。でも、不思議とこのスタッフの方たちには共通している点があるのです。

それは、考え方です。どんな考え方をしているのかというと、前項でお話しした「自分たちが意識をしてできること」に全力で取り組んでいるのです。誰かや何かのせいにするのではなく、自分たちが変わっていく。彼ら彼女らは、そんな考えを持っています。

考え方が変わると行動が変わる

お客様に愛されるスタッフ、売れるスタッフと、残念ながら売れないスタッフは、この考え方が違うだけです。しかし、この少しの違いが、数か月、1年という単位でみると、大きな差になってくると感じます。

何かのせいにしてしまうと、行動しようとする気持ちが湧かなくなってしまいます。一方、自分にできること、変えられることを探し続けようとする人は、「こうしたらもっとよくなるのでは」と考えついたことはどんどん試してみます。ポイントは動いてみることなのです。

だから、本書を読んでひとつでもやってみようと思ったことがあったら、ぜひ明日試してみてください。その一歩が数か月後のあなたの接客力アップにつながっていくことでしょう。

売れるスタッフと伸び悩むスタッフ

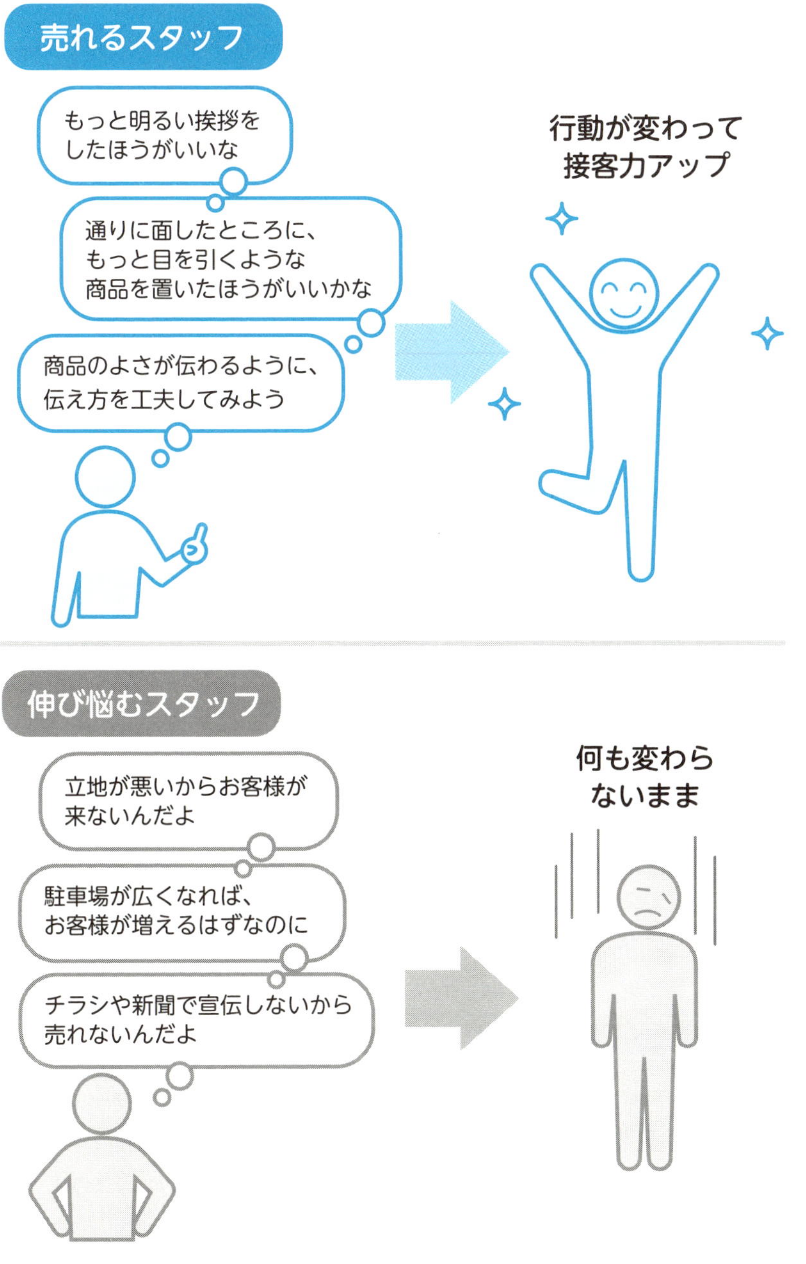
売れるスタッフ
もっと明るい挨拶をしたほうがいいな
通りに面したところに、もっと目を引くような商品を置いたほうがいいかな
商品のよさが伝わるように、伝え方を工夫してみよう
行動が変わって接客力アップ
伸び悩むスタッフ
立地が悪いからお客様が来ないんだよ
駐車場が広くなれば、お客様が増えるはずなのに
チラシや新聞で宣伝しないから売れないんだよ
何も変わらないまま

03

“当たり前の基準”を上げれば接客力も上がる

自分の「当たり前」を振り返ってみよう

「当たり前」は人によって違う

右ページの図を見てください。3つの会議室でミーティングを行ないました。その後、Aさん、Bさん、Cさんの3人に「ミーティング用に机を動かしたから元に戻しておいて」と依頼をしたとします。

Aさんは、とりあえず戻しました。Bさんは、前から見たときに机が揃っているように並べました。Cさんは、机だけではなくイスも揃っているように並べました。どれも3人にとっては当たり前の会議室の戻し方。でも、できあがりは全然違います。

“当たり前の基準”が与える影響

「会議室を元に戻しておいて」と依頼した人は、それぞれの部屋を見てどう感じるでしょうか。きっとCさんに対して、最も「おぉー。きれいだね。ありがとう」と喜んでくれるでしょう。

もしかしたら、Aさんに対しては「何これ？　汚いよ」と言ってしまうかもしれません。

3人の“当たり前の基準”が違うだけ。それだけで、相手に与える印象は変わってしまうのです。

難しいことをしなくてもいい

「接客力を上げる」と言うと、何か新しいことに取り組まなくては、と思いがちです。もちろん、新しいことに取り組むのは素晴らしいことです。しかし、今当たり前にやっていることの基準を上げるだけでも十分お客様からの印象は変わり、接客力が高まるのです。

“当たり前の基準”を上げていくことが大切

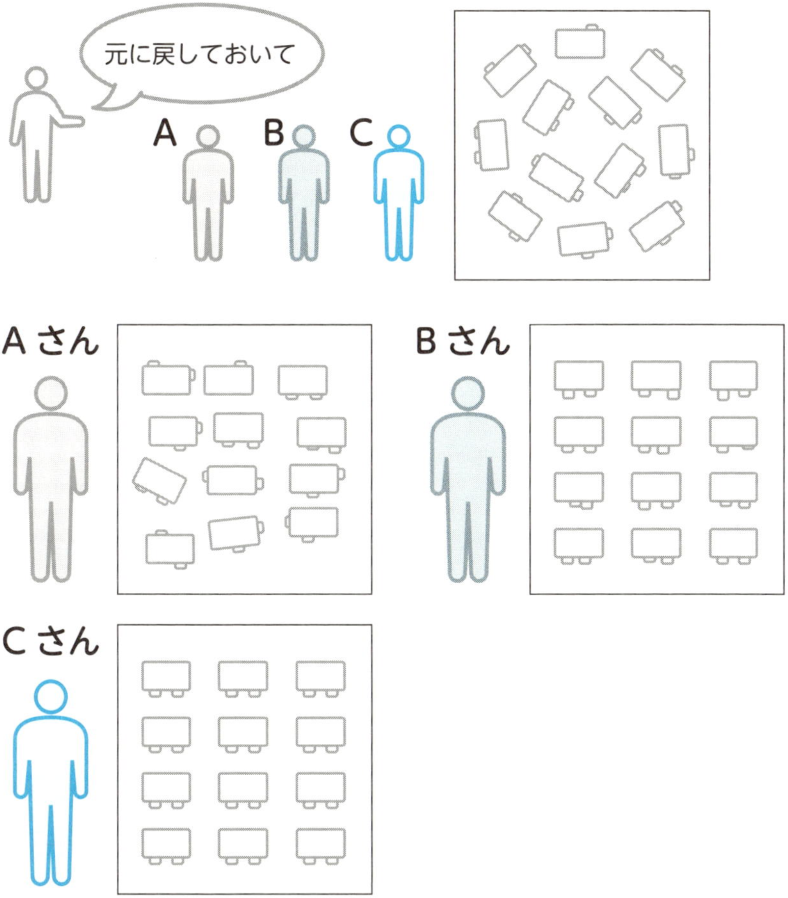

ワンポイント

例えば、挨拶をするときはただ笑顔で声を出すのではなく、しっかりお客様に届く声の大きさで言う。それができたら、お客様に身体を向けて挨拶する。それを、どんなに忙しくてもどんなお客様にもできるようにする。これだけでも感じのよいお店になるでしょう。

あなたが今すでに当たり前に行なっていることの基準を上げながら、本書に取り組んでいく。そうすることで、よりスピーディーに接客力が向上するはずです。

04

接客力＝居心地のよさの提供＋売る技術

接客は心と技術のバランスが重要

あなたの考える接客とは？

「接客」という言葉を聞いて、どんなことを想像しますか？

お客様に快適に過ごしてもらう、商品やサービスをお買い上げいただく、お客様の疑問にお答えする、お客様に安心感を抱いてもらう、お客様の不安をなくす、商品に魅力を感じてもらう……。いろいろなことが挙げられるでしょう。

また、必要な接客はホテル、洋服店など業種によっても異なります。

ホスピタリティだけでいいの？　売る技術だけでいいの？

おいしいという理由でケーキだけを食べ続ける、野菜だけを食べ続ける。そうすると、身体に何かしらの害が出てくることが予想されます。さまざまな食品をバランスよく食べるからこそ、健康でいられるのです。

接客も同じです。ホスピタリティと言われる思いやりやおもてなしの心が伝わる対応をすれば、お客様は「感じのいいお店だな」「居心地のいいお店だな」と思ってくれるでしょう。けれど、そこで何か商品やサービスを買おうとまでは思わないお客様も多いはずです。

すでに「○○を買う！」と決めているお客様であれば、対応の温かさで、「このお店で買おう」と購入を決めるでしょうが、そうではなく、ただふらっと入っただけのお店であれば「感じがいい」だけでは購入まで至らないのが現実です。

一方で、売る技術だけを追求すると、お客様にはガツガツしていて押し売り感があると感じられてしまいます。接客には、ホスピタリティと売る技術、両方がバランスよく必要なのです。

ホスピタリティと売る技術のバランス

《ホスピタリティのみのスタッフ》

お客様の印象……「いい人」止まり

お客様の気持ち…『感じがいいな』
『でも、買うのはまた今度でいいかな』

《売り込み感のみのスタッフ》

お客様の印象……「買って！」オーラ全開で近寄りがたい

お客様の気持ち…『なんか感じが悪いな』
『ここじゃなくても売ってるから
違うお店で買おう』

《バランスがよいスタッフ》

お客様の印象……いい人だし、お店も居心地がいいな

お客様の気持ち…『感じもいいし、商品もよさそうだから、
思いきって今日買おう』

CHECK
接客で重要なのは、ホスピタリティを伝えて居心地のよさを提供することと売る技術のバランス

05 「笑顔」と「残念笑顔」の違い

笑顔のポイントは「目」

その笑顔は伝わっている？

「接客の基本は笑顔」と言われ、笑顔を欠かさないようにと、意識をしている方は多いでしょう。でも、はたしてその笑顔は、お客様に笑顔として伝わっているのでしょうか？

笑顔はお客様との心の距離を縮める強力な武器です。しかし、「つくり笑顔」と受け取られてしまったら、一転してお客様の気持ちが離れてしまう「残念笑顔」になってしまいます。

この残念笑顔は店頭でよく見かけます。一生懸命に商品知識を頭に詰め込んで接客をしていても、残念笑顔だと伝わり方がまるで変わってくるのです。

笑顔と残念笑顔の一番の違いは、私は目だと考えます。目が笑っていないと、それだけでつくり笑顔に見えてしまうからです。

携帯やスマホのカメラでチェック！

とはいえ、自分の笑顔はどうなんだろう？　と考えても、目が笑っているかどうかはなかなかわからないでしょう。そこで、一度やってみていただきたいのが自分の笑顔を写真に撮ることです。

店頭で接客しているときと同じように、「いらっしゃいませ」と言いながら笑顔で撮ることがポイントです。そうすることで、実際の接客時に近い笑顔になります。

あなたの笑顔は口だけでなく、目も笑っているでしょうか？

携帯電話やスマホのカメラ機能を使えば、気になったときにどこでも自分の笑顔がチェックできますよ。

目まで笑った笑顔

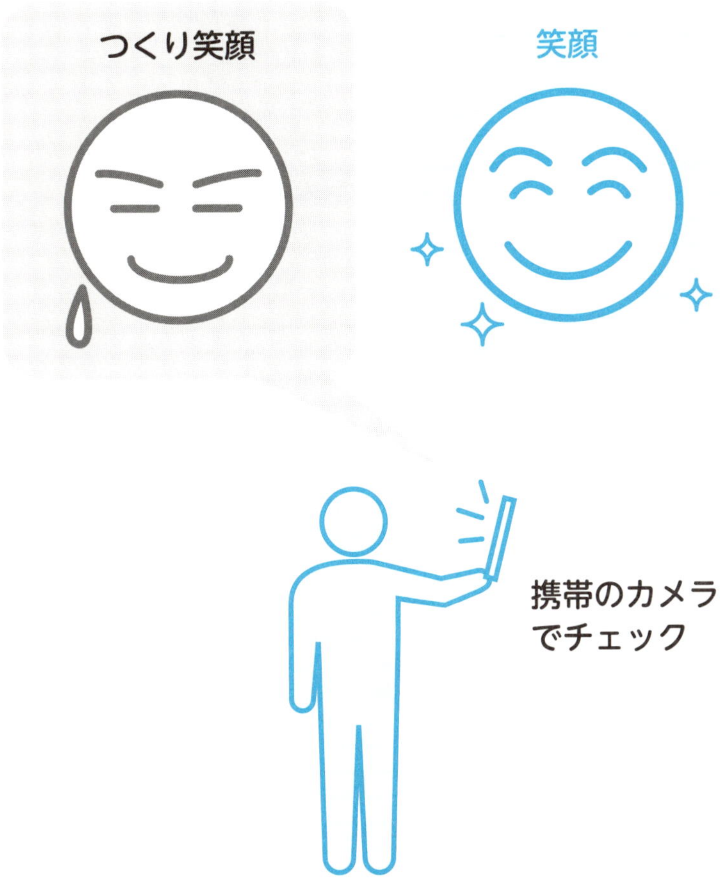

ワンポイント

「なかなか目が笑えない」という方は、頬の筋肉が固くなってしまっていることが多いです。そんな方は、ぜひこの体操を毎朝洗顔後にしてみてください。

①右の口角と右の目尻を、力を入れてグーッと近づけるようにする

②左も同じように行なう

この体操のポイントは、もうこれ以上口角も上がらないし、目尻も下がらない！　というくらいにすること。これを続けることで表情筋が鍛えられ、目尻が動きやすくなっていきます。

06 「感じのいい人」と「嘘っぽい人」の笑顔の違い

笑顔の後は、意識して口角をゆっくりと戻す

笑顔なのに嘘っぽく感じさせてしまう要素

この店員さん、笑顔なのに、なんだか嘘っぽい……あなたはお客として接客を受けて、そう感じたことはないでしょうか？

以前私は、嘘っぽく感じる原因は、目が笑っていない残念笑顔で接客することにあると思っていました。しかし、ある企業で30人連続マンツーマン接客指導を行なっていた際、「目が笑っていても嘘っぽく感じてしまう」要素があることに気づいたのです。

その後、いろいろなお店をまわってみましたが、3～4店舗に1名くらいの割合でこういう人がいます。目以外のどんな要素が嘘っぽく感じさせてしまうかというと……笑顔と真顔の差が激しいことです。

笑顔と真顔に差があるとは

友達と飲みに行ったときのことでも、テレビのお笑い番組を見たときのことでも、家族で旅行に行ったときのことでも構いません。最近あった、楽しかったことを思い出して笑ってみてください。

その後は、上がった口角が徐々に戻っていきませんか？　余韻を感じながら戻っていく感じ。それが自然です。

でも、嘘っぽく見えてしまう人は満面の笑顔の後に、すぐに真顔に戻ってしまっています。

口角も上がり、目も笑っているのに、1秒後には口が一文字の真顔に戻ってしまう。これは接客を受けているお客様には、感じがいいどころか、逆に「この店員さん、ちょっと怖い」「つくり笑いが激しい」と感じられてしまうのです。

自然な笑顔になっていますか？

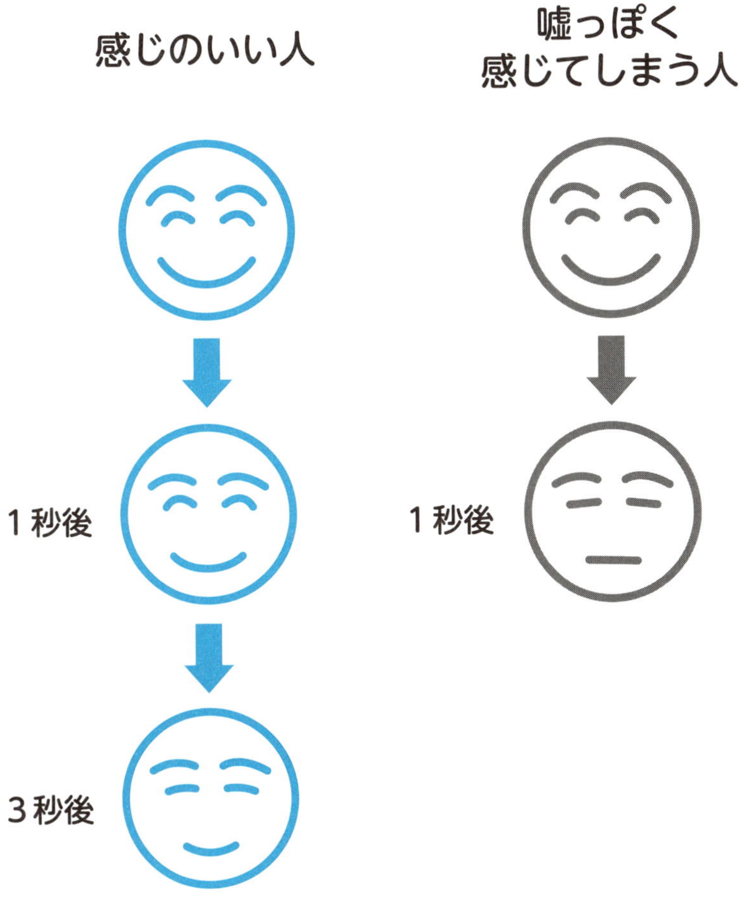

CHECK **余韻をつくって「感じのいい笑顔」に！**

07

お客様が見ていなくても声かけは笑顔で

「笑声」をつくるのは「笑顔」

よく見かける「無表情接客」

お客様との会話は表情豊かで楽しそうなのに、お客様の入店時の第一声は無表情でテンションが低い……。そんな光景をよく見ます。

このようなスタッフに理由を聞くと、「お客様は私じゃなくて商品を見ているので」と言います。お客様がこちらを見ていないから、こちらも無表情という考え方です。

真顔で「こんにちは」、笑顔で「こんにちは」の違い

研修で、隣の人と向き合っていただき１回目は真顔で、２回目は笑顔で、「こんにちは」と挨拶をしてもらう実験をすることがあります。

そして、終わった後に「私がお願いしたのは表情を変えることのみです。表情の変化以外に何か気づいたことのある人はいますか？」と聞くと、「笑顔のほうが声のトーンが上がった」「笑顔のほうが声が大きくなった」「笑顔だと思わずお辞儀もしてしまった」「笑顔のほうが楽しそうな声になった」など、いろいろな意見が挙がります。

笑顔は「笑声」をつくる

笑顔だと声のトーンが上がり、大きく、楽しそうになります。普通の声からより親しみやすい「笑《え》声《ごえ》」に変わるのです。

お客様に声をかける際、お客様はあなたを見ていないことが多いでしょう。でも、あなたの声は届いています。

「この人の接客を受けたい」と感じさせる「笑声」をぜひ大切にしていきましょう。そのためにも、笑顔が大切なのです。

見ていなくても声は届いている

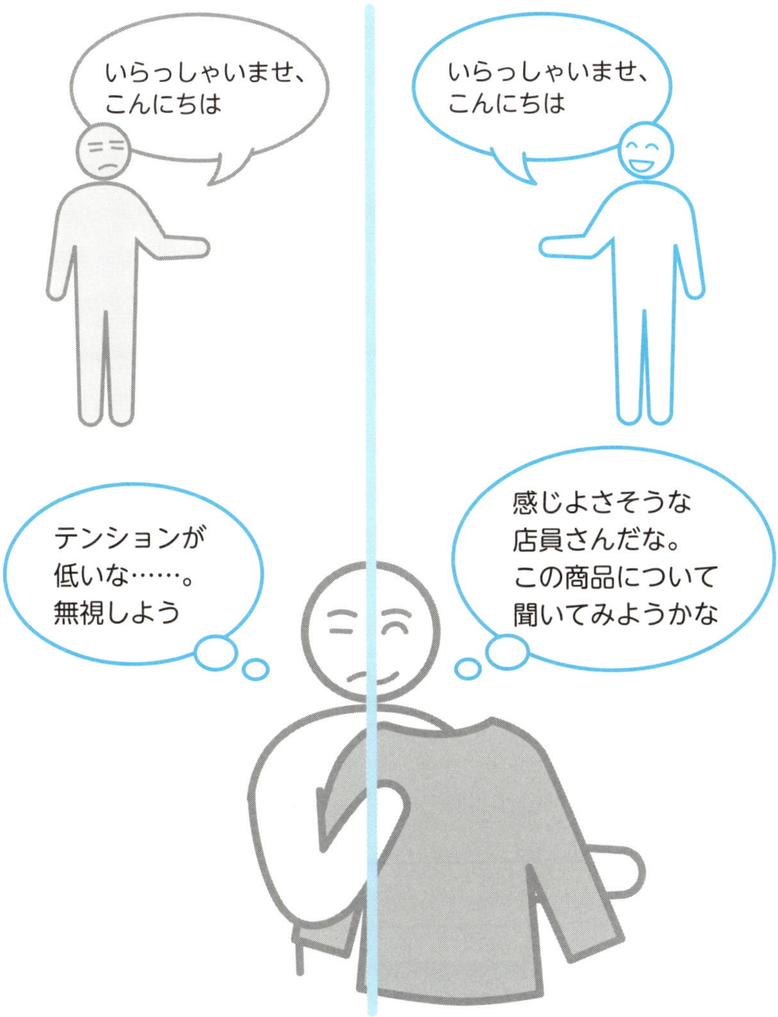

ワンポイント

出張先のあるホテルで朝食を食べていたとき、隣のテーブルのビジネスマンが「ここの店員、声が小さいし暗くて、こっちまでテンション下がっちゃいますよね」と言っているのを耳にしました。

お客様は商品の質だけでなく、爽やかな気持ちになれるような接客を求めていることを改めて知ることができた朝でした。

08

お辞儀は角度よりもアイコンタクト

「形を伝える」より「気持ちを伝える」お辞儀をしよう

お客様は角度なんてわからない

多くの方が入社して最初に学ぶのがお辞儀です。

確かに「深いお辞儀は丁寧」と考えているお客様もいらっしゃいますから、軽めのお辞儀、深く感謝する際のお辞儀の角度を体感として持っておくことは大切です。しかし、きっちり角度を使い分ければそれでよいかというと、そういうわけではありません。

あなたは誰かのお辞儀を見て、「あ、今のは 10 度だ！」とか「今の人は 70 度くらいのお辞儀だったな」と思うことはありますか？　きっとないでしょう。お客様も同様に、お辞儀の角度はわからないのです。

角度ばかりを意識するよりもアイコンタクトを

多くのお店のスタッフが、お辞儀をして挨拶をする、そこにしか意識が向いていないような気がします。

そもそもお辞儀は、お客様に誠意や感謝を伝えるためにするものです。ですから、角度よりも「お客様に気持ちが伝わる」ということが重要なのです。

アイコンタクトでサンドイッチ

お客様に気持ちを伝えるために盛り込んでほしい要素は、アイコンタクトです。アイコンタクトでお辞儀をサンドイッチするイメージです。目を合わせることで、「あなたに向けてお辞儀をします」という気持ちが伝わりやすくなります。

アイコンタクトでサンドイッチ

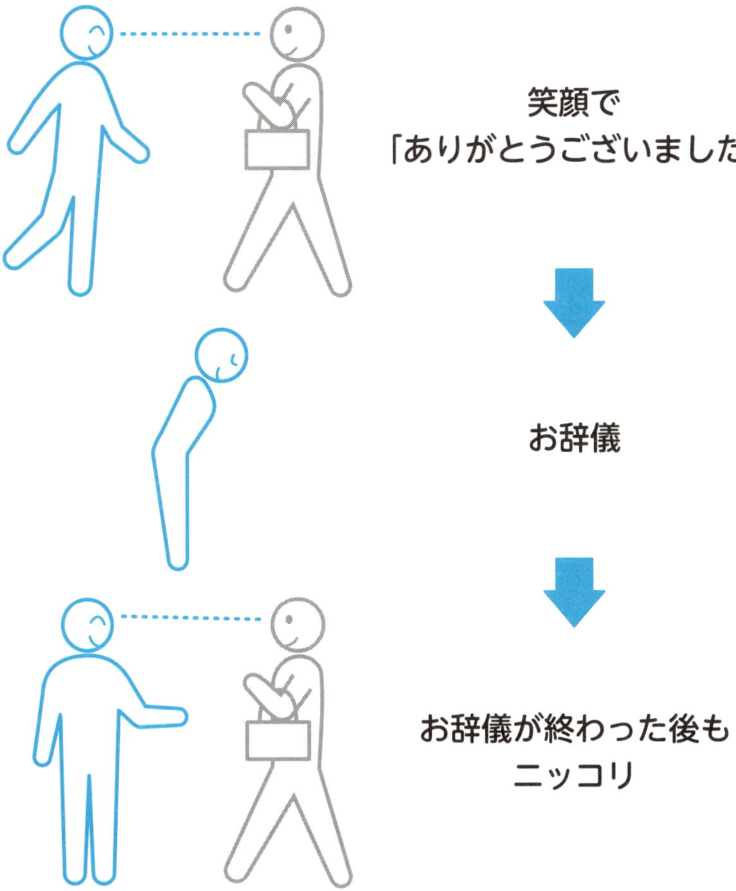
笑顔で
「ありがとうございました」
お辞儀
お辞儀が終わった後も
ニッコリ

ワンポイント

販売員だった頃、私より先に2人のスタッフが声をかけても反応しなかった50代くらいの女性のお客様が、私が声をかけると快く応答してくれて、接客につながったことがあります。

帰り際にそのお客様が「あなただけが目を見て挨拶をしてくれたんです。それで、この人に接客をしてもらおうと決めました」と言ってくれました。

アイコンタクトはこちらが思っている以上に、心に大きな影響を与える、ということをお客様から教えていただきました。

09

身だしなみはキッチリよりもお客様や商品に合わせよう

あなたの身だしなみは、お店の雰囲気に合っていますか？

身だしなみは誰のため？

お店によっては、髪の明るさやピアスの数、ネイルの色など、身だしなみについて細かい規定があるところもあるでしょう。

そもそも、身だしなみとは誰のためのものでしょうか？　あなたらしさをアピールするためではなく、お客様のためですよね。

お客様が違和感なく、安心して買い物を楽しめるための身だしなみ。まずはこれを意識することが大切です。

身だしなみの基準はお店によって違っていい！

身だしなみはこうあるべき、とひとつの型を決めてしまうのではなく、それぞれのお店のお客様や扱っている商品によって変えていったほうがいいと思います。

例えば、10代後半から20代くらいの方がメインのお客様の洋服店では、カッチリとスーツを着て接客するよりも「茶髪にカラーコンタクト、アクセサリーも重ねづけ」のほうがお客様にとって、親しみがあるかもしれません。

ジュエリーや車など高額商品を扱っていて、お客様の年齢層も幅広い場合は、女性はナチュラルメイクにしたり、男性も髪を伸ばし過ぎずに爽やかな印象を持ってもらえるよう、キッチリ感を演出することがお客様の安心感につながるでしょう。

右ページの３つのポイントから、ご自身の身だしなみを振り返ってみましょう。あなたやお店の、改善すべき身だしなみポイントが見えてくるのではないでしょうか。

身だしなみ　3つのポイント

1

日頃、あなたのお店にはどのようなタイプのお客様がご来店されますか？
年齢は？
見た目のカジュアル度は？

2

扱っている商品の価格帯はどれくらいでしょう？
手頃な価格ですか？
頑張って買うような価格ですか？

3

❶と❷を踏まえて、あなたのお店に合う身だしなみの基準はどんな形でしょうか？
洋服、髪の色、髪型、ひげの有無、メイク、ネイル、靴、これらはいかがですか？

ワンポイント

店頭指導で、あるアクセサリー店に伺ったときのことです。「商品に合わせた雰囲気にしないと、お客様も違和感ありますもんね」と言う、ワンピースを着て、髪をくるくる巻きにしたかわいい女性スタッフがいました。

彼女と話をすると、以前はハード系のアクセサリーを扱うお店にいたので、服もかなりカジュアルな感じでメイクも濃かったそうです。

お客様が違和感を感じないような身だしなみを意識する。大切な心がけだと思いました。

10

お客様が意外と気にするニオイ

知らず知らずのうちに損をしないために

ニオイで満足度が下がるのはもったいない

あるホテルでエレベーターに乗っていた際、３人組の男性が、食事をしてきたお店の店員さんについて「かわいいし、感じがいい子だったけれど、タバコのニオイがきつかったよね」「やっぱり？　同じこと思った。あれは、ちょっとね」と、話をしていました。

いいニオイだからと言って、お客様の満足度が極端に上がるわけではないでしょう。でも、ニオイによって満足度が下がるということはあり得ます。

お客様に気持ちよく過ごしてもらおうと接客をしていても、ニオイで損をしていたら、非常にもったいないと思うのです。

ニオイをチェック！

ニオイとひと言で言っても、汗臭い、制服を洗濯していないニオイがする、タバコ臭い、口臭が気になる、などいろいろな種類があります。

また、気に入っている香りだからと、香水が強過ぎるのも相手にとっては息苦しく感じてしまうこともあります。

お客様のために身体も、身につける衣類なども清潔さを保つ、生理的なニオイについてはデオドランド剤などを活用する、規則で香水をつけてよいお店であっても１プッシュにする、などお客様に気持ちよく過ごしていただくためには、ニオイも重要なポイントだと心得ましょう。

お客様が気になるニオイ

レストラン

お待たせいたしました
なんかタバコ臭いな……

アパレルショップ

今年はこちらの色が流行なんですよ
うわ……香水がきつい！

ワンポイント

友人とある飲食店に入ったとき、「ごめん。違うお店がいい」と言われ、入店してすぐに出たことがありました。どうしたのか理由を聞くと、店内がなんとなく生ごみ臭く感じたそうなのです。

接客する自分のニオイと共に、店内のニオイにも心を配る。そんな心配りがお客様に不快感を与えないポイントと言えるでしょう。

Column ❶

鍛えれば 笑顔はできるようになる

「口角も目も笑顔になっていないことに気づいたので、毎日意識しました」と、柔らかい表情でニッコリ笑う男性。この方は、３か月前にセミナーを受けてくださった、クリーニング店のオーナーです。

この方は、面白くて温かい人柄だったのですが、表情が硬いため最初にお会いしたときの印象は正直「怖い」でした。

私が直接指摘をしたわけではないのですが、笑顔の確認をするワークで、自身の笑顔力の弱さに気づかれたようで、それから日々意識して、まずは口角を上げることから意識したそうです。

すごいと思ったのは、わずか３か月という期間にもかかわらず、本当に柔らかい表情になっていたことです。

研修や店頭の指導に入ると、「私は笑顔が苦手なんです」とか「うちは笑顔が必要なお店ではないので」と、残念ながら最初から笑顔にする気がない方にお会いすることも、わずかな割合ですがあります。

しかし、笑顔をつくれないのと、笑顔はできるけれどシーンによってあえて出さないというのとでは意味合いが違います。気持ちのよい笑顔は接客業に限らず、人と接する上で相手への思いを形で見せることができる、最低限のマナーでもあると思います。

そして、その笑顔はもともと生まれ持っているものではなく、努力して身につくものだということを、そのオーナーから強く感じました。

料理でも英会話でも同じですよね。料理も、最初はイモの皮をむくのでさえぎこちないけれど、毎日自炊をしているうちに手際よく料理ができるようになる。

英会話も、最初は「Good morning」程度しか話せなかったとしても、週に３日英会話教室に通っているうちに頭の中にある単語が増え、聞き取り、話せるフレーズが増えていく。それと同じように、笑顔も鍛えれば変わっていきます。ぜひ、お客様にとって温かい接客をする第一歩として、すてきな笑顔を身につけていきましょう。

居心地のよい
空間づくりのための
接客ハート

Part 2

01

お客様にペースを合わせると居心地のよい空間が生まれる

自分のペースではなく、お客様のペースで

話し方や動くスピードは人それぞれ

Part 1の4でお話ししたように、接客力はお店の居心地のよさと売る技術で決まります。ここでは、居心地のよさについて見ていきます。

まずは、いらっしゃるお客様のペースを思い出してみてください。早口、ゆっくり話す、せっかちに動く、動作がのんびり……ペースというのは、人それぞれ違います。

お客様の居心地のよさをアップするために簡単にできること

言い回しや質問の仕方など、接客トークの練習をするよりも手軽に、店内での居心地のよさを上げるために取り組めることがあります。

そのひとつが、接客のペースをお客様に合わせて調整することです。相手が自分と同じテンポで話したり動いていたりすると、それだけで「この人とは気が合うかも」と親近感が湧くものです。

お客様のペースはココでつかむ

お客様のペースは話し方に表われていることが多く、早口の方は行動もシャキシャキしていて、ゆっくり話をされる方は1つひとつの行動もおっとりしている傾向が強いです。

そのため、お客様とちょっと話してみて「この方は早口気味な方だな」と思ったら、こちらも意識をして少し話すペースと動きのスピードを速めてみる。「私よりゆっくり話す方だな」と感じたら、意識的にゆっくり話したり、間を取ったりしてみる。それだけでもお客様にとっては、落ちついて接客を受けられるひとつの要素となるのです。

お客様のペースに合わせる

あの一、黒で、
ざっくりしたタイプの
ニットがほしいな、と
思っているんですけど……
このお客様は
少しゆっくりの
スペースで接客しよう
急かさないで
「間」を大切に
接客しよう
いかがですか？
シンプルな、黒くて
ざっくりした
ニットがほしいんです
テンポが速い
お客様だな
テンポよく
テンポよく
そちらのニットでしたら、
こういうパンツも
お似合いですよ

ワンポイント

早口だったり、シャキシャキ行動されるお客様が特に気にするのが会計時のスタッフの動きです。

商品をのんびり包装していたり、離れたレジに行く間、ゆったり歩いていたり、というスタッフの様子を見るとイライラ感が募るお客様が多いです。せっかく温かく接客をして気持ちよく商品を選んだり、食事をしてもらったのに、ここで台無しになってしまうことも少なくありません。商品の包装や会計時には、どんなお客様であってもテキパキした行動を意識しましょう。

02

わかりやすさのポイントは一文を短く

「たくさん説明すれば伝わる」わけではない！

一生懸命伝えようとするあまり、こんなことが起きていませんか？

どのお店のスタッフも、接客時には一生懸命に商品説明をしています。でも、お客様は何だかピンときていない……。そんな光景を非常に多く見かけます。あなたも「お客様、私の説明に飽きている？」と感じたことがあるかもしれません。

伝わりにくい話をしている方には共通点があります。そのひとつが、一文が長いことです。

「このTシャツはとても色が明るくて、爽やかに見えるんですが、デザインもスッキリしていて細めに見えるだけでなく、カジュアルにもシックな感じにも似合ったりして、お客様にはよくかわいいって言われるんですけれど、私もすごい気に入っている商品で、〜」と、一文が切れずにどんどんつながってしまい、つながればつながるほど、わかりにくくなっていってしまうのです。

伝えたいことがたくさんあるときこそ、一文は短く！

伝えたいことがたくさんあると、「あれもこれも伝えなくちゃ！」と、一気に話してしまいがちです。でもそういうときこそ、一文を短くする癖をつけていきましょう。

例えば、先ほどの例であれば「このTシャツはとても色が明るくて、爽やかに見えるんです。デザインもスッキリしていて細めに見えるんですよね。カジュアルにもシックな感じにも合いますよ。お客様にはよくかわいいって言っていただきます。私もすごく気に入っている商品です」といった具合です。わかりやすくなると思いませんか？

一文を短めにしてスッキリ

この機種は画面がとてもきれいで、〇〇画素あって、音質もよくて、まるでライブを聞いているみたいで、軽いし画面も大きいんです
?
?
?

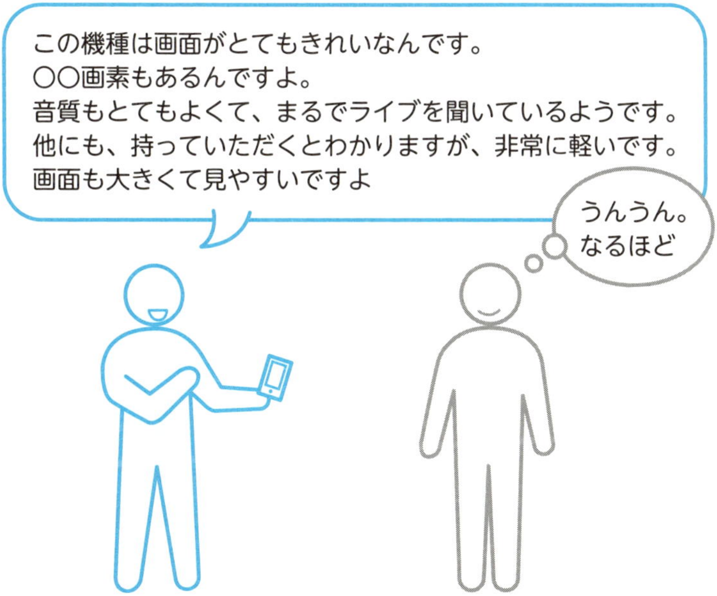
この機種は画面がとてもきれいなんです。
〇〇画素もあるんですよ。
音質もとてもよくて、まるでライブを聞いているようです。
他にも、持っていただくとわかりますが、非常に軽いです。
画面も大きくて見やすいですよ
うんうん。
なるほど

03

語尾を変えれば自信が伝わる

「〜と思います」ではお客様は安心できない

おすすめトークは自信を持って

ある飲食店には、毎回食後のデザートを積極的にすすめる２人のスタッフがいます。しかし、２人のトークはほぼ同じなのに、お客様から注文をいただける数が違うのです。２人の違いは語尾にありました。

Ａさんは、「デザートはいかがですか？　とってもおいしいですよ」と言ってたくさんの注文をいただいています。一方、Ｂさんは「デザートはいかがですか？　おいしいと思います」言っていました。

語尾に「思います」が入るかどうかの違いです。言い切っているＡさんは味に自信があるように見え、「おいしいから食べてもらいたい」という気持ちが伝わってきます。一方、Ｂさんからは自信がなさそうな感じで、言わされているという印象を受けるのです。

伝えている言葉に自信がなさそうだと、お客様も「本当にいい商品なのかな？」と心配になります。お客様の立場に立ってみるとわかると思いますが、不安を感じると、なかなか購入には踏みきれません。

自信のなさが伝わると、売り逃しにつながってしまうのです。

お客様に安心感を持ってもらうために

お客様に安心してお買い物をしてもらうためには、接客するスタッフが商品に自信を持っていなくてはいけませんし、その自信がお客様に伝わらなくてはいけません。自店の商品が好きで商品に自信もあるのに、なぜか伝わっていないような気がする、という方は意識的に語尾から「思います」をとって、トークをしてみましょう。そうすることで、言葉に自信がこもっているように感じられるはずです。

商品に自信を持つ

お客様にはこちらがお似合いだと思います
なんか自信がなさそうだな……
また今度にしようかな

お客様にはこちらがお似合いです
じゃあ、これにします

ワンポイント

あるブランド店で販売研修を行なったとき、商品にとても自信を持って話をしている男性スタッフがいました。

その男性の接客を受けていると、「本当にいい商品を扱っているんだな。そんなによさそうな商品だったら、ほしいな」と感じます。

その男性に、どうやってそこまで自社の商品に自信を持つのか尋ねてみると、「とにかく時間があればたくさん商品を触って、自分でも買って使ってみることにしています。そうするうちに、どんどんいいものだと思えるようになったんです」ということでした。

商品に触ること、商品を使うこと。その頻度が高ければ高いほど、商品への理解が深まり、自信が持てるようになることを再確認しました。

04

商品の差し出し方で価値が伝わる

商品もお金も、両手で扱おう！

商品の扱い方を変える

どんな説明をしたら、商品の価値が高まるだろう？　どんな話題を話せば、お客様と会話が弾むだろう？　こんなことを日々の接客の中で考えている方も多いはずです。

言葉だけに頼らなくても、商品の価値を上げることはできます。それは非常に簡単なことで、「両手で扱う」ということです。

いつ？　どんなふうに？

「両手で扱う」と言うと、高級ブランド店や高級ホテルなどのようにちょっとかしこまったイメージを持たれる方もいらっしゃるかもしれません。イメージとしては、もう一方の手を“添える”感じです。

あなたの利き手が右手だとしたら、右手で商品を持って、左手を軽く添えましょう。

商品をお渡しするとき、カタログをお見せするとき、会計時にお金の入ったトレーを受け取るときも、必ず利き手以外の手も軽く添えるようにします。

たったそれだけで「このお店は自店の商品を大切にしている」とお客様に感じていただけます。

また、こちらが商品を片手で扱うと、お客様も「その程度のもの」と感じて雑に扱いますし、あまり価値を感じられません。こちらが商品を大切に扱うと、お客様もいいものだと感じてくださり、大切に扱ってくださるのです。

商品の扱い方で印象は変わる

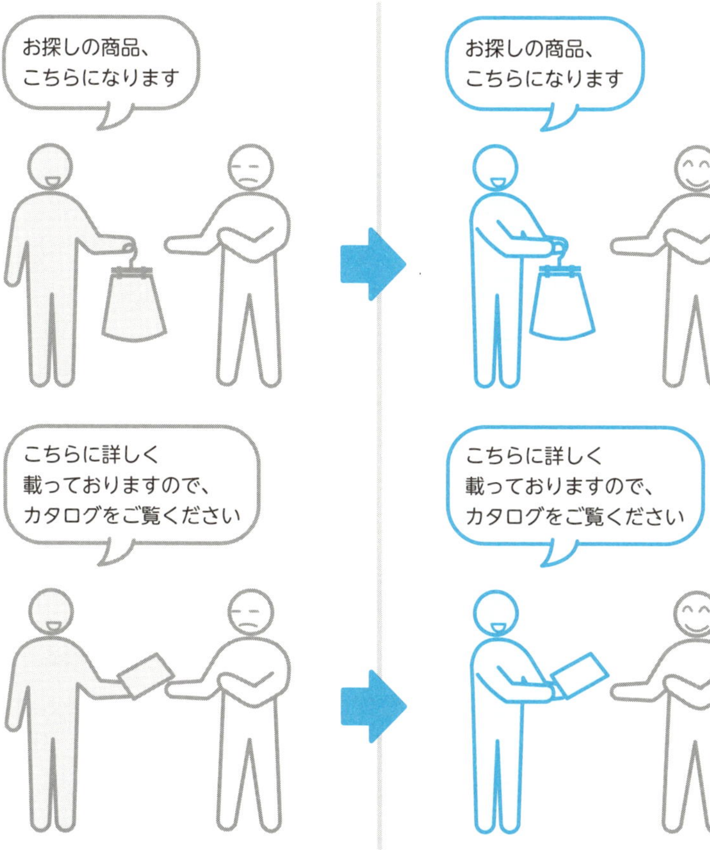
お探しの商品、
こちらになります
お探しの商品、
こちらになります
こちらに詳しく
載っておりますので、
カタログをご覧ください
こちらに詳しく
載っておりますので、
カタログをご覧ください

ワンポイント

まだ私が販売員をしていたとき、接客中の私の手元をジーッと見ているお客様がいました。おそらく、私の商品の扱いが乱暴で、気になったのでしょう。最初の頃はひとつ 10 万、20 万円もする鞄に触れるのも恐る恐るという感じでしたが、入社半年もすると慣れてしまい、片手でボン！　と扱うようになっていたのです。

毎日商品に囲まれていると、その重みが見えなくなってしまいます。でも、お客様にとっては、どんな価格の商品も「頑張って買う」商品。

だからこそ、私たちがその気持ちを尊重し、商品価値を上げるべく商品を大切に扱わなくてはいけない。そう感じた出来事でした。

05 時計を気にするお客様には ひと声かける気遣い

「お急ぎですか？」の声かけで、お客様の事情をキャッチする

せっかくのお買い物が台無しに

毎月400～500店舗の接客を見ていると、お客様が「急いでいるんですけれど！」とスタッフに言っている光景に遭遇することも少なくありません。

せっかくのお買い物にもかかわらず、お客様はイライラ気味。こうなると、お客様満足度もどうしても下がってしまい、たとえ購入してくださったとしても「次もこのお店に来よう」とはなかなか思ってもらえなくなってしまいます。

お客様が教えてくれる急ぎのサイン

こんなとき、多くの接客スタッフはお客様が急にイライラし出したと感じるようですが、実はお客様はそれまでに「急いでいる」「時間がない」というサインを出してくれているのです。

それは、腕時計をチラッと見て時間をチェックする仕草から察することができます。時間を確認するということは、次の予定が詰まっている、次に行きたいところがある、など何か予定があることが多いです。

最近では、腕時計をつけない方も増えてきていますが、そういう方は携帯やスマホで時間をチェックする行動から、急いでいるという気持ちを察することができます。

まずは「お急ぎですか？」のひと言

このようなお客様のサインに気づいた際には、お客様の気持ちに応えるために右ページの3つのステップで行動しましょう。

急いでいるお客様への対応３ステップ

ステップ 1

お客様が腕時計を見たら急いでいるサイン。
「お急ぎでしょうか？」の声かけで、急いでいる様子に気づいていることを伝えましょう。
このひと言で、お客様は「自分のことをわかってくれている」と感じます。

ステップ 2

急いでいるお客様の気持ちに応えるよう、テキパキと動きましょう。
このときに余計な会話は不要です。いつもの 1.5 倍速、小走りをするようなイメージで。

ステップ 3

お見送りのときには、「お急ぎのところ、ありがとうございました」と、急いでいる中買い物をしてくれたことへの感謝を伝えましょう。

ワンポイント

指導のため、お店をまわっていたときのことです。ゆっくり商品を見ていたお客様が、ぱっと腕時計を見た途端、ソワソワと急ぎだしたのです。接客をしていたスタッフは、すぐさま「お急ぎですか？」と声をかけました。

「はい。●時に近くの○○で待ち合わせをしていて」とお客様が答えると、スタッフは「では、商品が決まりましたらお客様の用事の後、すぐにお渡しができるようにお包みなどしておきますよ。お会計もそのときにしていただければけっこうです」とお伝えしたのです。

お客様は「ありがとうございます。じゃあこれにします。２時間後くらいにまた来ますね。名前は△△です」と言って、店を出られました。

お客様の急ぎたいという気持ちを尊重した結果、よりスピーディーに商品が決まったのです。参考にしたい接客ですね。

06

表情、身振りも有効活用

「言葉＋目から入る情報」で、もっと伝わる

表情や身振りはあなたの強力な味方

売れるスタッフ、ファンが多いスタッフとひと言で言っても、とにかく笑顔がすてきな方、お客様がどんどん話したくなってしまうような方、などさまざまです。

でも、選ばれるスタッフにはいくつか共通する項目があります。そのひとつが接客に表情、身振りを盛り込んでいること。つまり表現力が豊か、ということです。言葉の力だけに頼らずに、目から飛び込む情報も大切にしているのです。だからこそ、より伝わりやすくなるのでしょう。

接客で表情豊かにするとは？

接客で表情を豊かにするとはどういうことでしょう？　笑顔だけではなく、状況に合わせた表情で表現できるということです。

例えば、お客様から驚くような話を聞いたときは目を丸くさせるとか、「最近仕事が忙しくて大変」とか「ペットの食欲がなくて心配」などの話を聞いているときには、悲しい時間を共有するような表情で話をする。

他にも「別のお店も見てきます」と言ってお店を出て行ったお客様が戻ってきてくれたときや、再来店してくださったお客様には「うれしいです！　ありがとうございます」と、いつも以上の笑顔で応えるなど、表情でも接客するということなどがあります。

身振り手振りも有効です。例えば、鞄の接客をしているときに「Ａ４が入るこれくらいの大きさの鞄ですか？」と大きさの程度を身振りも使って確認するなどです。

より伝わることは積極的に取り入れていきましょう。

身振り手振りをつけることで、伝わり度アップ！

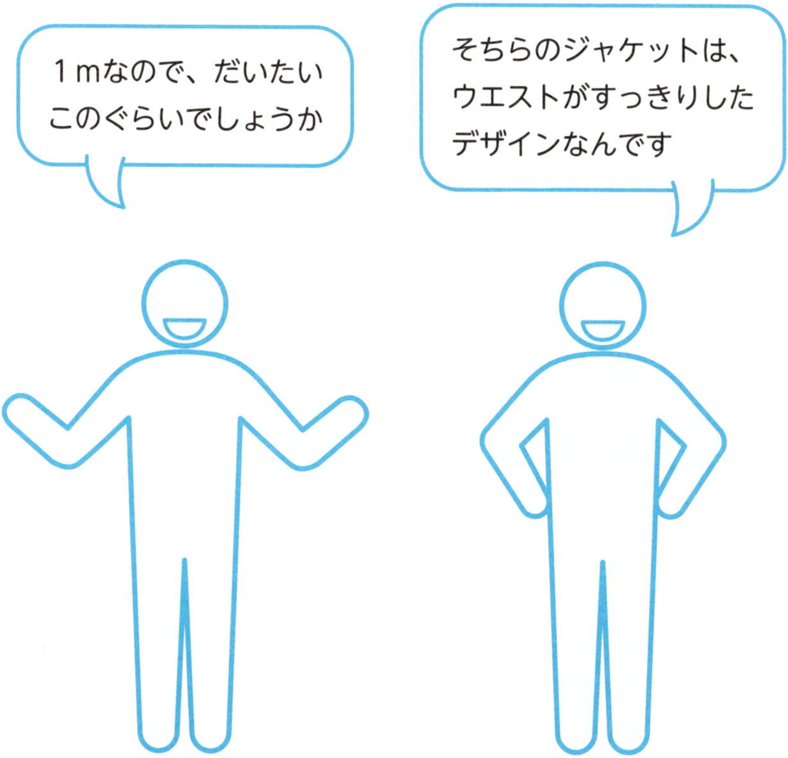
1ｍなので、だいたい
このぐらいでしょうか
そちらのジャケットは、
ウエストがすっきりした
デザインなんです

両手を広げながら

ウエストあたりに
手を当てて

07

接客時に間違いやすい敬語

正しい敬語を使うメリットとは？

今、敬語は必要なのか？

丁寧語、謙譲語、尊敬語。敬語を完璧に使いこなすことは、とても難しいですよね。最近は「親しみやすさ」を重視している店舗も多く、敬語にそれほど重きを置かなくなってきているお店やスタッフも増えてきているように感じます。

では、正しい敬語は現代ではもう必要ないものなのでしょうか？

敬語を正しく使えないからといって、接客できないわけではありません。しかし、敬語を正しく使えることのメリットは大きいものです。

敬語を正しく使えて損はない

敬語を正しく使えることのメリットを挙げてみましょう。

- “きちんと”感が伝わる
- 親しみやすいカジュアルな接客であっても、だらしなく感じられない
- 年上のお客様からの信頼を獲得しやすくなる
- 敬語に敏感なお客様に不快感を与えない

など、ぱっと思いつくだけでもいくつもあります。敬語は正しく使えて損はないと言えるでしょう。

間違いやすい敬語一覧

右ページで、お店でよく耳にする間違いやすい敬語を挙げてみました。自身の接客時の言葉遣いを振り返ってみましょう。普段使ってしまっている間違った敬語もきっとたくさんあるはずです。この機会に、正しい言い回しを覚えて接客に生かしてみましょう。

間違いやすい敬語一覧

500円からお預かりいたします

500円お預かりいたします

ご覧になられますか？

ご覧になりますか？

ちょうどお預かりします

ちょうどいただきます・丁度頂戴します

こちらのほうでよろしいでしょうか

こちらでよろしいでしょうか

了解です

承知しました

以上で、よろしかったでしょうか？

以上で、よろしいでしょうか？

お会計のほう、●●円になります

お会計は●●円です（でございます）

お素材

素材

08

電話応対は、お礼で始まりお礼で終わる

「完璧」でなくてもいいので、まずはここから！

電話は作業中にかかってくる

電話は表情や仕草が見えない分、声がすべてです。そのため、声のトーン、言葉の選び方、柔らかい話し方など、意識するべきポイントがたくさんあります。

小売店でも飲食店でも、ほとんどのお店は必要最小限の人数で営業しているため、電話が鳴るのはたいてい、何かしらの作業中でしょう。

他の作業に意識が向いている中での電話応対。あれもこれも意識をするのは難しく感じる方もいらっしゃるのではないでしょうか。

まず、取り組みたいのは最初と最後の「ありがとう」

作業中に取った電話であっても、細かい配慮ができたほうがいいのはもちろんです。でも、一気に完璧な応対をできるようになるのは難しいでしょう。そこで、ぜひ取り組んでいただきたいことがあります。

それは、最初と最後の明るい「ありがとう」です。電話に出る際には「お電話ありがとうございます！」と明るく出る。そして、用件が終わって電話を切る際にも、明るく「お電話ありがとうございました！」で締めるのです。もちろん、基本として取り組んでいる方も多いと思います。でも、忙しい作業の合間で冷たい言い方になっていないか、どちらか一度だけになってしまっていないか、再度見直してみましょう。

電話の第一声は、対面したときの第一印象のように大切です。汚い服装の人から洋服を買いたいとは思いませんよね。同じように電話での第一声も「感じがよさそう」と思ってもらうことは重要です。そして最後にお礼で締めることで、お客様は気持ちよく電話を切ることができます。

最初と最後は「ありがとう」

1
お電話ありがとうございます。
○○店△△と申します

2
はい、□□のお取り置きを
ご希望ですね。
かしこまりました

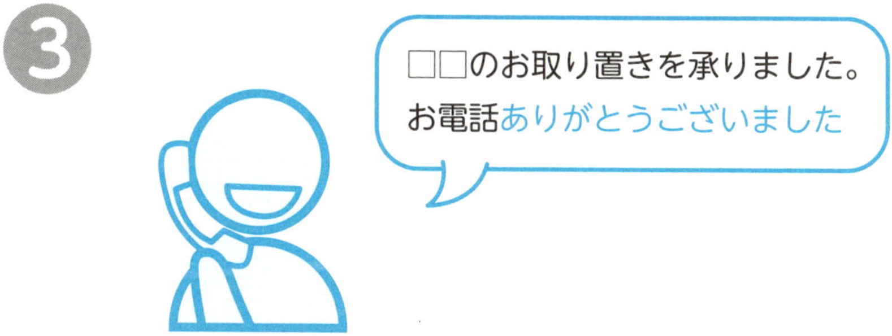
3
□□のお取り置きを承りました。
お電話ありがとうございました

09

電話時の「すぐに」「後ほど」は具体的に

お待ちいただく時間は具体的に伝えよう！

「すぐに」「後ほど」は誤解のもと

電話応対では、ささいなことが原因でお客様の怒りを招いてしまうことがよくあります。ここでは多くのスタッフが気づかないうちにやってしまいがちなことをご紹介します。

それは、「すぐに」「後ほど」という対応です。飲食店に予約の電話があり「すぐに確認してまいりますので、少々お待ちください」と言う。洋服店などでも商品の在庫を聞かれて、「確認して、後ほど折り返しのお電話を差し上げます」とお伝えする、ということがあると思います。

「すぐに」「後ほど」とはどれくらいの時間でしょうか？　10秒、1分、30分、3時間、1日、人によって認識はさまざまでしょう。

「すぐに確認してきます」と言って、あなたは1分以内に戻れば大丈夫だろうと思ったとします。でも、お客様は「すぐに」というのは10秒くらいだと思っているかもしれません。

そんな中、1分お待たせすると「すぐって言っていたのに待たせすぎだよ！」という怒りが湧いてきてしまうのです。

具体的な時間をお伝えしよう

では、どうしたらよいのでしょう？　「すぐに」とか「後ほど」という曖昧な言葉は極力避け、「ただ今、確認してまいりますので、1分ほどお待ちください」「在庫を確認して、2時間以内にお電話差し上げます」など、具体的な数字でお伝えするようにすることです。

そうすることでお客様との認識のズレがなくなり、それだけでもクレームが起きにくくなります。

できるだけ避けたい表現一覧

すぐに
▼
5分以内に

後ほど
▼
本日中に

間もなく
▼
10分ほど

少々
▼
7～8分ほど

数日以内に
▼
3日以内に

できるだけ具体的な数字を盛り込み、誤解が生まれないようにしましょう。

ワンポイント

あるお店で買い物をしたとき、「ただ今確認してきます」と言って、スタッフの方がバックヤードに入っていきました。

私は「1分くらいかな」と思ってボーッと待っていましたが、待っても待っても一向に戻ってきません。

スタッフの方が戻ってきたのは15分も後でした。そんなにかかるなら言ってくれれば、他のお店をぶらぶらしてきたのに、と残念に思った記憶があります。

電話対応に限らず、接客でも取り入れていきたいポイントですね。

10

お客様の大切なお金は両手で受け取る

お金の扱い方で、お客様の印象は変わる

意外と差がつくお金の扱い方

多くのお店を見ていて、お買い上げいただくまでは、「どんな商品説明をしたらよいだろう？」「どんな質問をしたらよいだろう？」と、皆さん意識をしていますが、購入が決まって会計となると、途端に接客に対する意識が薄れる方が多いように感じます。

でも、お会計時はお客様をどれだけ大切に扱っているかが伝わってしまうポイントです。

ガッカリなお会計

今までに見てきた接客で、残念に感じた会計時の対応を挙げてみます。

- 次に声をかけるお客様を探すなど、終始キョロキョロしていて、お客様がお金を入れたトレーすらちゃんと見ていない
- 片手でお金を受け取っていて、適当な感じがする
- 投げるようにお釣りを返してくる

などです。いかがでしょうか？　思い当たる項目はありませんか？

お客様にとって買い物とは

お会計は、１日に何回もする接客側からすると、たくさんある中の１回でしかありません。

でも、お客様にとってはどんな金額の商品であっても、頑張って働いた給料や、節約して貯めたお金で買う商品です。私たちは、そのお金の重みを忘れてはいけないと思うのです。

だからこそ、敬意を表してお金は両手で扱いましょう。

お金は両手で扱う

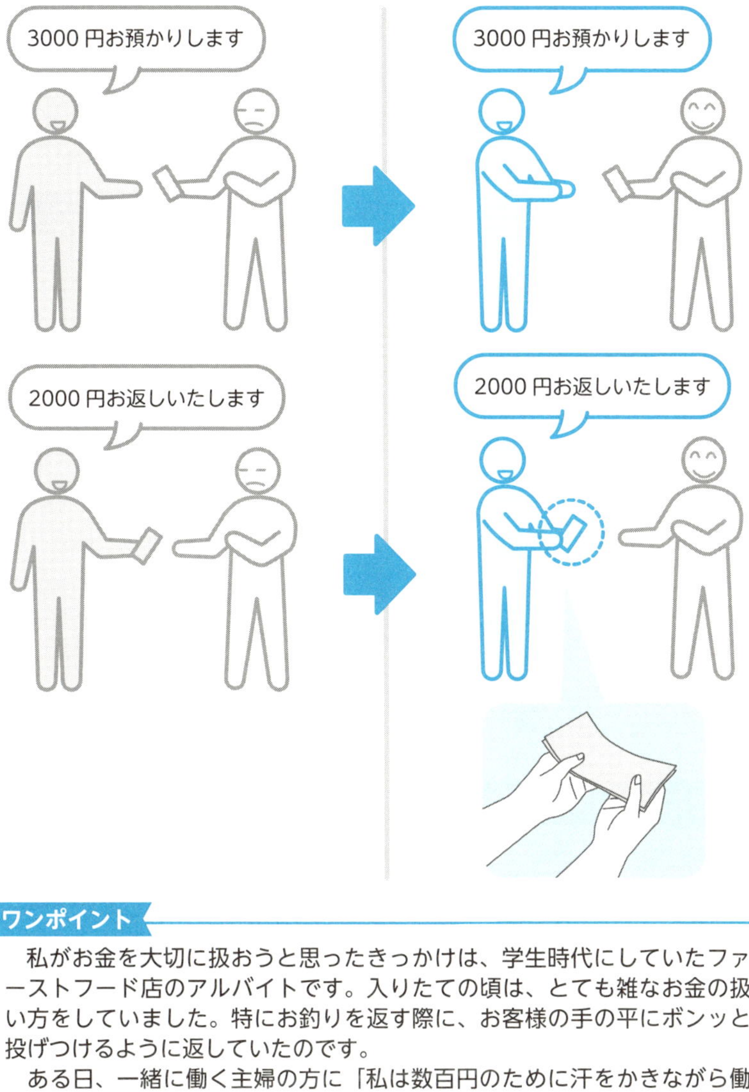
3000円お預かりします
3000円お預かりします
2000円お返しいたします
2000円お返しいたします

ワンポイント

私がお金を大切に扱おうと思ったきっかけは、学生時代にしていたファーストフード店のアルバイトです。入りたての頃は、とても雑なお金の扱い方をしていました。特にお釣りを返す際に、お客様の手の平にボンッと投げつけるように返していたのです。

ある日、一緒に働く主婦の方に「私は数百円のために汗をかきながら働いているの。私がお客様だったら、お釣りをそんな風に扱われたら、私自身を軽く扱われているようで嫌な気分がするな」と言われました。

「お金は大切に扱うべきもの」とわかっていたつもりなのに、実践できていなかったことを痛感した出来事でした。

11

お店への入りやすさは待機姿勢で決まる

手が空いているときには、お店の空気を動かそう

「暇」は変えられないけれど、「暇そう」は変えられる

私は接客研修をする際、受講生の皆さんにお客様として「入りたい・ゆっくりしたいお店」と「入りにくい・すぐに出たくなるお店」それぞれの要素を箇条書きで出してもらい、出てきた要素を見ながらグループ内で意見交換をしてもらうことがあります。

今まで2000名以上の方の意見を聞いてきた中で、必ず挙がる要素のひとつに「お客様を待つ姿勢」があります。

忙しそうなお店だと入りやすく、店員が暇そうにしているお店には入りたくない、という意見は多くのお客様の声ではないかと思います。

とはいえ、「店内にいつもお客様がいる」という理想的な状況には、なかなかならないでしょう。しかし、暇な状況は変えることはできないかもしれませんが、「暇そうに見える状況」は変えられます。

動きながら待機をしよう

ポイントは、お客様を待つ「待機姿勢」にあります。お客様がいないからといって、ボーっと黙って立っていたら暇そうに見えてしまいます。

そんなときこそ、商品を整えたり掃除をしたり、と意識をして動く、「動的待機」をしましょう。極端な話、商品を整えているフリ、掃除をしているフリなど、「フリ」でもいいのです。

人の動きが止まっていると店内の空気も止まりますが、動いていると空気が動きます。目には見えないけれど、動いている空気感がお客様に伝わり、入りやすさにつながっていきます。

動的待機をする

入りやすいお店　掃除をしたり、ディスプレイを整えたり、スタッフが動いている

入りにくいお店　スタッフがボーっとしていて、店内に動きがない

ランチは
何を食べよう
雨が降りそうな
天気だなあ

ワンポイント

「お客様が全然来てくれないんです」と嘆いている雑貨店がありました。確かにお客様は全然いません。その上スタッフもボーっと外を見ていたり、直立不動で立っていたりと、まったく動いていないのです。

「何よりもまずは待機姿勢を変えていきましょう！」と皆さんと話し、常に「動く」ことを意識しました。

しばらくしてお店を見に行くと「お客様の数が 2 か月前に比べて 1.5 倍になりました」とのことでした。

「スタッフが動いている」、それだけでお客様にとっては入りやすい空間になるのです。

12 思いは言葉や行動で見せてこそ伝わる

思っているだけでは伝わらない

接客するとき、どんなことを大切にしていますか？

研修や店頭指導時に、私がスタッフの方に聞く質問のひとつに「接客するとき、どんなことを大切にしていますか？」というものがあります。

- 一客一客思いを込めること
- 感謝の思いを忘れないこと
- 気持ちよく過ごしてもらうこと
- 「来てよかった」と思ってもらうこと

など、皆さんからすてきな返答をいただきます。これらはとても大切なことですし、忘れてはいけないものです。

でも、もうひとつ大切なことを頭に置いていただきたいと思います。

接客とは言葉と行動で思いを伝える手段

それは、どんなに強い思いがあっても「思っているだけでは伝わらない」ということです。

例えば、誰かを好きになったとしても、今までと何も変わらずに接していたら、気持ちが届くことはなかなかありません。

いつもより目で追うことで視線が合う回数が多くなった、話しかける回数が多くなった、「一緒に出かけたい」と言ってみた、「好き」と思いを言葉にして伝えた……。

このように言葉や行動で示すからこそ、「思い」が相手に届くのです。

接客も同じように、思っているだけでは届きません。接客とは言葉に乗せて、行動で見せて、思いを伝えていく手段だと思います。あなたの思いを言葉や行動で表わすことはできないか、考えてみましょう。

言葉にして思いを伝える

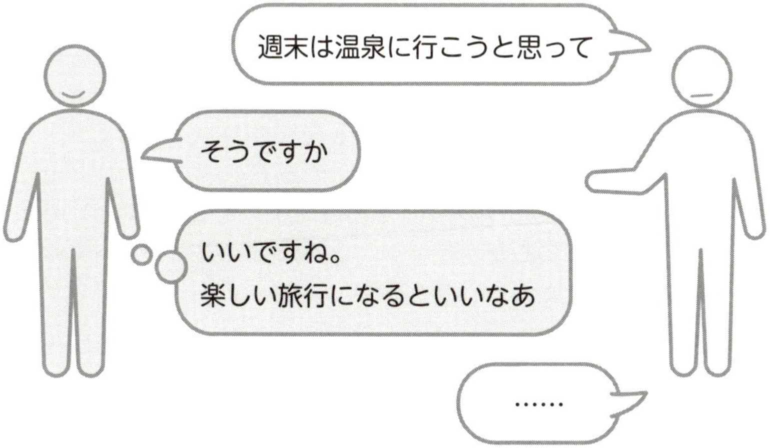
週末は温泉に行こうと思って
そうですか
いいですね。
楽しい旅行になるといいなあ
……

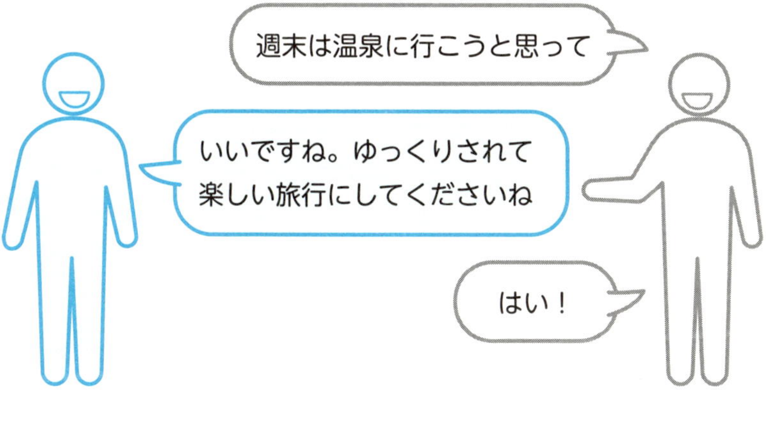
週末は温泉に行こうと思って
いいですね。ゆっくりされて
楽しい旅行にしてくださいね
はい！

Column ❷

目の前のお客様への「思い」を伝えよう

いつも行く美容室でのことです。カラーリングをして待っている間に、担当の方が外に出かけて行きました。彼女は数分後、片手にコンビニの袋を持って走って帰ってきました。

そして、「コレ、おいしいんですよ。甘いものが嫌いじゃなかったら食べてみてください。昨日、はじめて食べたんですけど、おいしくて、1日に2個食べちゃいました」と、袋の中身を渡してくれたのです。

「わぁ！　ありがとうございます！」と、さっそくいただきましたが、なんだかとてもうれしく感じました。お菓子をくれたことに対してではなく、自分が食べておいしかったから、だから、お客様にも食べてみてほしいという気持ちがとても伝わってきたのです。こちらへの思いがこもっていることを、とてもうれしく感じました。

また、ある企業に伺ったときのことです。打ち合わせが終わりかけた頃、雨が降ってきました。みるみるうちに雨風が強くなり、暴風雨です。

すると、「今日はこの後、予定は詰まっていますか？　もし、余裕があるのであれば、雨宿りがてら少しゆっくりしていってください」と言ってくださったのです。

少しでも濡れない時間に帰れるように、という配慮がとても温かく、こんな企業とお仕事ができることを誇りに思いました。

「相手への思いが伝わること」。それは、どんな飾られた言葉よりもずっとうれしいものだということを身をもって感じた2つの出来事でした。

目の前のお客様に、何かしてあげられることはないだろうか？　その問いを、いつも自身に投げかけ続ける。そうすると、すぐにはできなかったとしても、やがて見つけられるようになっていくのではないでしょうか。そして、それを受けたお客様は商品の価値以上に、あなたやあなたのお店に価値を感じ、「また来よう」と思ってくれるようになるのだと思います。

売上がアップする！
好印象な販売メソッド

Part 3

01

お客様が「また来たくなるお店」の接客とは

お客様に選ばれるために気をつけたい要素

「また来たくなるお店」の要素とは

「また来たいお店」と思ってもらえることは、とてもうれしいものです。お客様はどんなときに「また来たい」と思ってくれるのでしょうか。

参考までに、私がさまざまなお店のお客様800名にアンケートで伺った「また来たくなるお店」の要素をご紹介します。

1位　笑顔で感じよく対応してくれる
2位　入ったらすぐに気づいてくれる
3位　買わなくても気持ちよく対応してくれる
4位　好みに合う商品が置いてある
5位　自分に合うものを探そうとしてくれる
6位　自分に接客をしていないスタッフも感じがいい
7位　商品知識がある
8位　店員同士が連携できている
9位　店内が整理整頓されている
10位　商品が見やすい

いかがでしょうか？　予想通りの部分もあったでしょうし、「え？こんな項目が上位なの？」と思ったこともあるかもしれませんが、これがお客様の声であるからには、私たちは選ばれるお店にするためにここに並んでいる要素を磨いていく必要があります。

逆に考えると、ここに並んでいる項目を磨いていけば、あなたのお店がお客様に選ばれる確率はグッと上がると言えるでしょう。

また来たくなるお店とは

笑顔の対応
いらっしゃいませ
買わなくても
気持ちのよい対応
また今度にします
承知しました。
とてもお似合いだったので、
ぜひご検討ください
接客をしていないスタッフも
気持ちがいい
こんにちは
自分に合うものを
探そうとしてくれる
どっちがいいかしら
いつもはどんな色を
着ることが
多いですか？
そうですねえ……
商品知識がある
今使っているエアコン、
なかなか
暖かくならないんです
スイッチを入れてすぐに
暖かくなるのはこちらです。
〇〇という機能が
ついているんですよ

02 「売り込まれる」という印象が壁をつくる

商品以外のことで声かけをしよう

お客様に「すぐにこのお店から出たい」と思わせる接客

あなたも、自分が客として買い物をするとき、そのお店のスタッフの「買って！」という気迫が強過ぎて、お店に入ったけれどすぐに出てしまったという経験があるのではないでしょうか。

どんなにすてきな商品を扱っていても、どんなに商品知識があっても、そそくさと出て行かれては、ご紹介すらできません。だからこそ、私たちはお客様に「売り込まれる！」という感覚を与えないようにしなくてはいけません。

売り込み感あふれる接客

お店をまわっていて、最もよく見かける「売り込み感を与えてしまう接客」は、「何かお探しですか？」という声かけです。

どのお店でも使われているので、驚かれる方もいるかもしれません。でも、お客様の立場に立って考えてみましょう。

お客様としては「何かお探しですか？」と聞かれる→「はい」と答えると絶対に商品をプッシュされる→断るのが面倒……という気持ちになります。

この流れが瞬時に想像されてしまうため、なかなかゆっくりお店を見たいとは思えない、と感じてしまうのではないでしょうか。

では、どんな声かけをしたらよいのでしょうか？　おすすめは、商品以外のことについての声かけです。

右ページに、すぐに使える声かけの例を挙げました。あなたの声かけの引き出しの中に入れておき、使えるようにしておきましょう。

おすすめの声かけ例

ネタ	声かけ例
天気	今日、とても暖かいですよね 天気予報では午後から雨と 言っていましたが、もう降ってきましたか？
持ち物	ブルーの色合いがきれいな鞄ですね 靴のビーズ刺繍、 アクセントになっていてかわいいですね
お子様に	そのリュック、かっこいいねー いくつ？　ママと一緒にお買物、偉いねー
仕事	今日はお休みですか？ お仕事帰りですか？
近所の情報	○○通りの△△祭り、立ち寄られましたか？

CHECK

売り込み感を与えない「商品以外」の声かけを心がけよう

03

スポットライトは商品ではなくお客様に

言葉のキャッチボールをしてこそ、商品知識が生きる

商品説明が上手でも売れないのはなぜ？

ある企業では、商品知識を学ぶ研修を年に数回実施しています。商品の見せ方、よさの伝え方を細かに徹底的にレクチャーします。

そこまでやったら誰もが売れるようになるだろう、と思うのですが、現実はそうではありません。残念ながら売れないスタッフもたくさんいるのです。これはなぜでしょう？

それは、スポットライトが商品にしか当たっていないからです。「この商品は○○がよくて、△も優れていて、□□にもとてもこだわっているんです」と、商品の話ばかりでは、スタッフがどんなに熱く商品を説明しても、お客様の気持ちは離れていきます。自分がそっちのけにされているように感じ、あなたとお客様の間には、どんどん溝ができていくのです。

「お客様のことを知りたい」と思おう

大切なのは、「お客様のことを知りたい」という気持ちが伝わることです。そのために重要なことは、質問することと聞くことです。

お客様がその商品に興味を持ったきっかけ、こだわりのポイント、いつから購入を考えていたか、など質問できることはたくさんあります。

接客は目の前にお客様がいてこそ成り立ちます。一方的に商品のよさを伝えるのではなく、お客様の情報を質問して、聞きましょう。

言葉のキャッチボールをした上で商品のよさを伝えるからこそ、それが生きてくるのです。スポットライトを商品ではなく、お客様に当てていきましょう。

言葉のキャッチボールをしながら、商品のよさを伝える

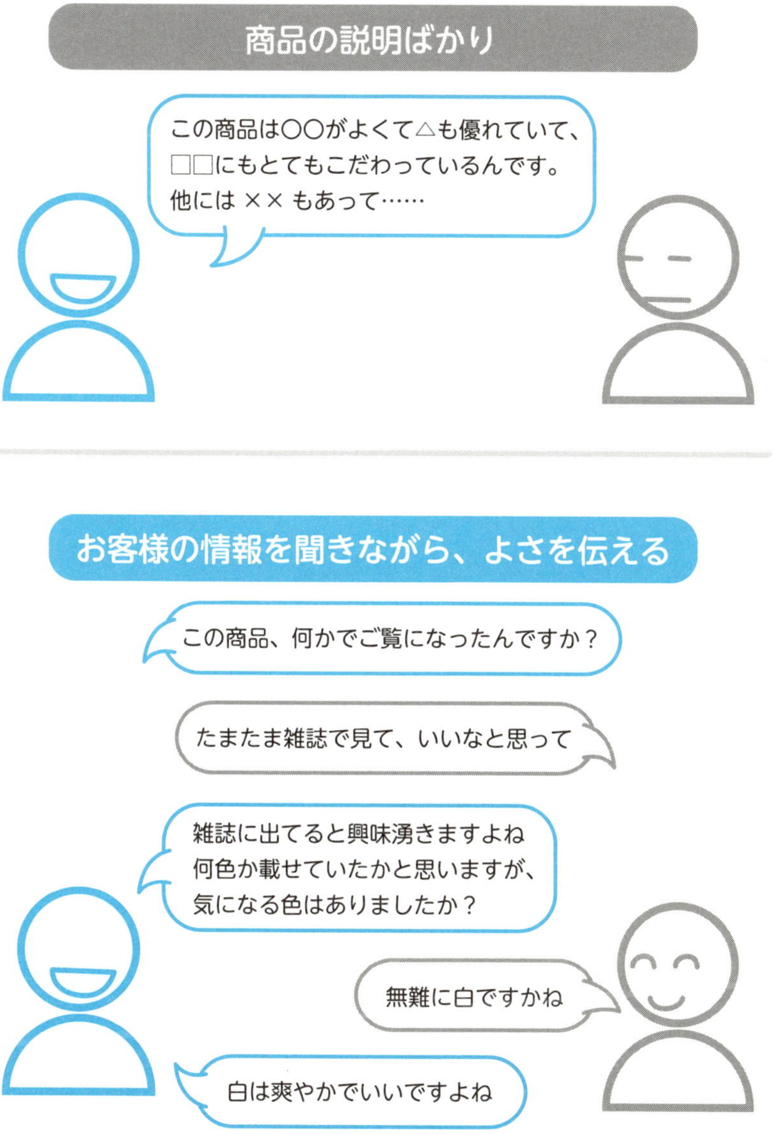
商品の説明ばかり
この商品は○○がよくて△も優れていて、□□にもとてもこだわっているんです。他には ×× もあって……
お客様の情報を聞きながら、よさを伝える
この商品、何かでご覧になったんですか？
たまたま雑誌で見て、いいなと思って
雑誌に出てると興味湧きますよね 何色か載せていたかと思いますが、気になる色はありましたか？
無難に白ですかね
白は爽やかでいいですよね

04

「よろしければ」を「ぜひ」に変えよう

声かけのフレーズに新鮮味を出す

ちょっとの工夫を大切にしよう

お客様を歓迎している感じをより演出するため、何ができるかを考えると、笑顔で挨拶をする、声はワントーン上げる、丁寧なお辞儀をする、などが思い浮かぶでしょう。それ以外にもほんのちょっとの工夫を盛り込むことで変化が生まれます。

新鮮味を出してお客様の記憶に残ろう

すぐに取り組める工夫としては、いつも使っている言葉をほんの少し変えてみることがあります。

例えば、スタッフが接客でよく使う言葉のひとつに「よろしければ、お試しください」というフレーズがあります。業種にかかわらず、どんなお店でも使われているのではないでしょうか。

この「よろしければ」を「ぜひ」に変えてみましょう。

「ぜひ、お試しください」

新鮮な感じがしませんか？　また、「よろしければ」より「ぜひ」のほうが、より「お客様に試してみてほしい」という気持ちが伝わるのではないでしょうか。

言い慣れているフレーズは、接客する側としては気軽に使える言葉です。しかし、その声かけを受けるお客様は、どのお店でも同じ声かけをされるので、聞き飽きているのです。

お客様に新鮮さを感じて「おっ！」という感覚を持ってもらうことも、お店や商品に興味を持っていただくための、ひとつの仕掛けと言えるでしょう。

「ぜひ」のひと言でより積極的な印象に

よろしければ
お手に取ってご覧ください
ふーん、
まあいいや

雰囲気だけでもぜひ、
お手に取ってご確認ください
あ、はい
せっかくだし、
ちょっと
見てみようかな

ワンポイント

ある洋服店では「よろしければご試着ください」を「ぜひ、ご試着してみてください」に変えて、商品をご紹介するようにしたそうです。

たったそれだけで、お客様が試着してくれる確率がアップしたといいます。「ぜひ」という言葉は、お客様に「試してみてほしい」「実感してほしい」という気持ちが伝わる言葉と言えるでしょう。

05

売れる人ほど振られ上手

売上のためでなく、お客様のために声をかける

声をかけても空振りばかり……

多くのスタッフは、お客様に断られることにとても抵抗感を持ち、「お客様に声をかけても全然接客につながらないんです」と嘆いています。一生懸命話しかけているのに、無視をされたり、興味のない素振りをされるとショックですよね。

売れている人は見極め上手？

では、売れているスタッフはお客様を見極める力に長けているのでしょうか？　いいえ、売れている人の多くはお客様を見極めていません。どのお客様にも、同じように感じよく声をかけています。

もちろん、振られることも多いです。声かけの総回数が多い分、売れている人こそ振られている回数は多いものです。

話せないお客様のために、というスタンスが大切

なぜ振られ続けても声をかけられるのでしょうか？

あるお店のスタッフが「きっと、お客様の中には人見知りでスタッフに声をかけられない人もいると思うんです。そんなお客様が話せるきっかけをつくれるように声をかけるんです」と言っていました。

声をかけるのは、自分の売上のためではなく、お客様のため。そう捉えているからこそ、振られ上手になれるのでしょう。

そして、「この人は買いそう」「あの人は買う気がなさそう」と勝手に決めつけないからこそ、結果として多くのお客様と話ができ、お買い上げにつながっているのではないでしょうか。

振られ続けても声をかける

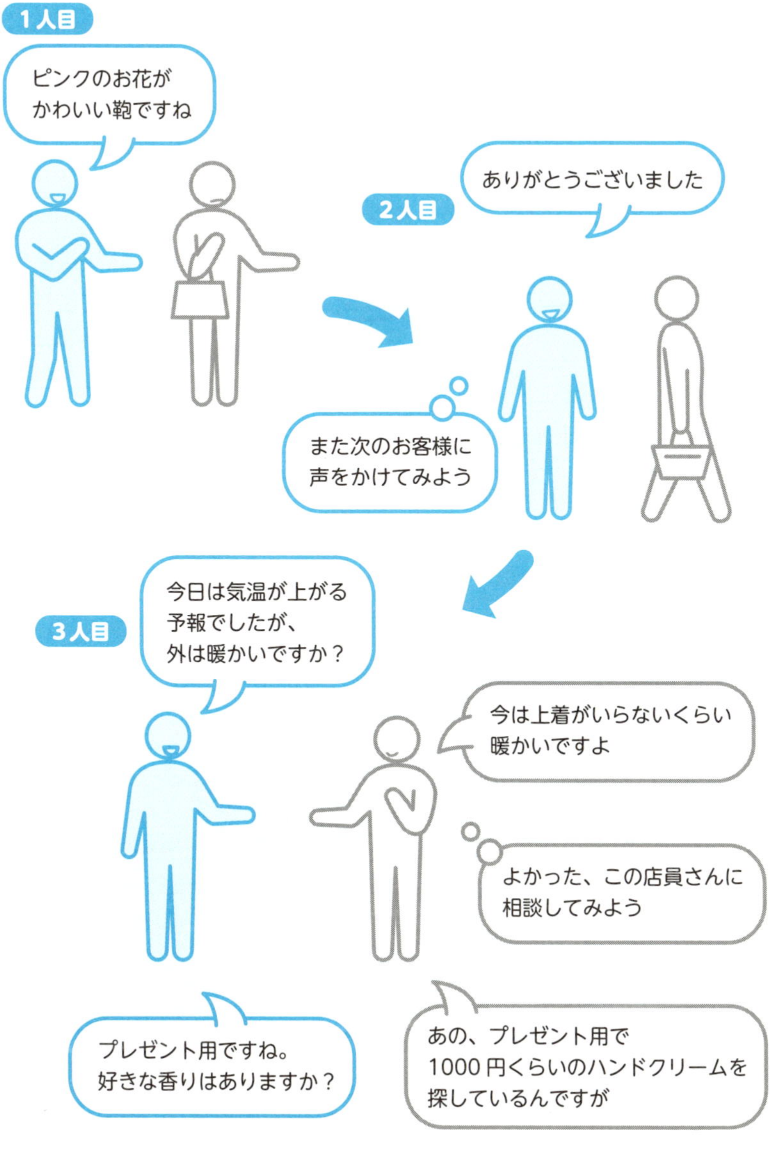
1人目
ピンクのお花がかわいい鞄ですね
2人目
ありがとうございました
また次のお客様に声をかけてみよう
3人目
今日は気温が上がる予報でしたが、外は暖かいですか？
今は上着がいらないくらい暖かいですよ
よかった、この店員さんに相談してみよう
プレゼント用ですね。好きな香りはありますか？
あの、プレゼント用で1000円くらいのハンドクリームを探しているんですが

06

お客様を楽しませるために、まず自分が楽しもう

1日の終わりに「うれしかったこと」を思い出す

まずあなたが楽しもう

「お客様に楽しいと感じてもらわなくては！」という思いを持ちながら、接客をしている方は多いと思います。けれど、その思いが強過ぎて必死さがお客様に伝わってしまっているスタッフもよく見かけます。

結果として、お客様は「何かこのお店、必死過ぎで怖いな……」となり、逆効果なのです。

お客様に楽しさを提供するために一番大切なことは、接客する人が楽しむことだと思います。楽しんで接客しているからこそ、それが伝染して相手にも楽しさが伝わるのです。

毎日売上のことしか頭になかったら、接客を楽しむことなどできず、反対に接客が苦しく感じてしまうでしょう。

楽しむための体質づくり

接客をしていると、日々いろいろなことが起こります。クレームを言われた、長時間接客したのにお買い上げいただけなかった、お客様都合での返品があった、会話は盛り上がったはずなのに結局隣のお店で買い物していた、あとわずかというところで目標予算を達成できなかった、など残念に感じることは数えればキリがないでしょう。

そんな中でも接客を楽しむために大切なのは、うれしかった経験をすぐに思い出せるようにしておくことです。おすすめは、夜寝る前に「今日あったうれしかったこと」を思い出す習慣を取り入れることです。

うれしかったエネルギーを毎日チャージしておくことで、いつでも楽しく接客できる体質をつくっていきましょう。

寝る前の回想でエネルギーチャージ

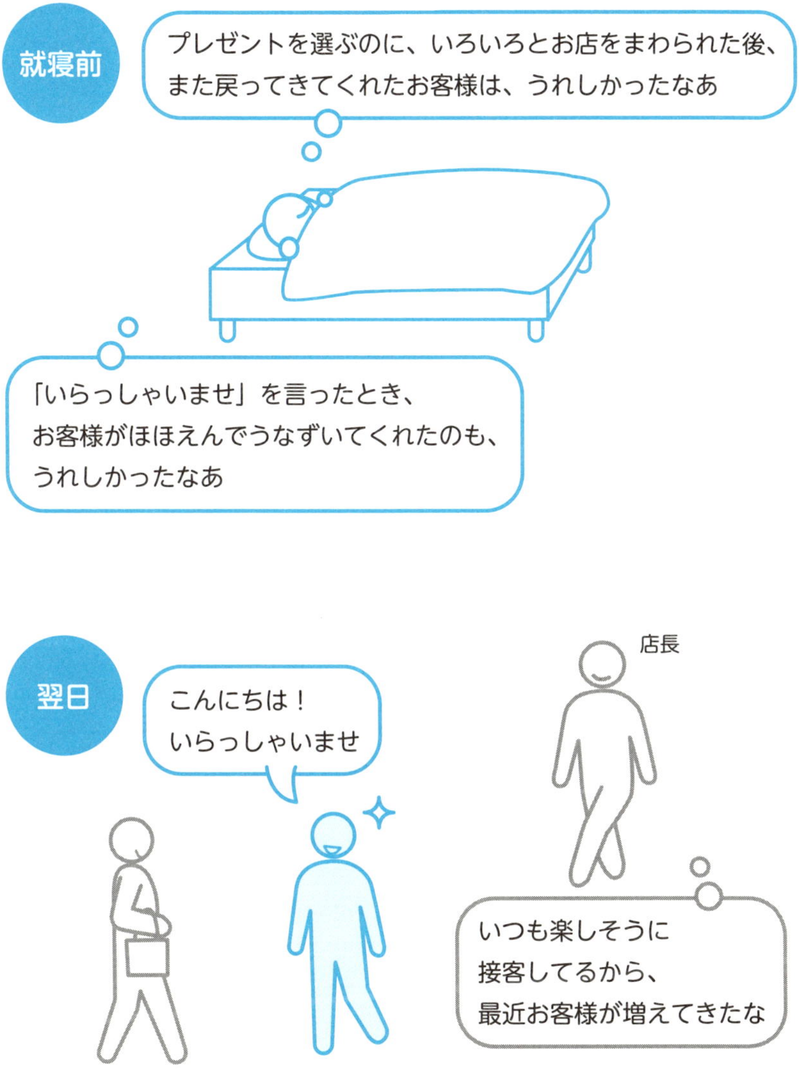
就寝前
プレゼントを選ぶのに、いろいろとお店をまわられた後、また戻ってきてくれたお客様は、うれしかったなあ
「いらっしゃいませ」を言ったとき、お客様がほほえんでうなずいてくれたのも、うれしかったなあ
翌日
こんにちは！いらっしゃいませ
店長
いつも楽しそうに接客してるから、最近お客様が増えてきたな

07

あなたを育てる「お客様体験」

自分が「買い物をする側」になると見えてくること

買い物がインターネットばかりになっていませんか？

現場のスタッフの方たちと話していると「自分の買い物はインターネットばかり」という話を聞くことが多いです。部屋から出ることなく買い物ができますし、家まで届けてくれるので便利ですよね。

しかし、接客業をしているならネットでの買い物ばかりではなく、積極的にいろいろなお店に足を運んでほしいと思います。それが、あなたの接客力向上につながっていくのです。

「お客様」になることで見えること

自分が「お客様」になると、「こんな風にされるとうれしいな」「そう言われたら買いたくなってしまう」「この距離感、なんだか居心地がいいな」など、接客する側に立っているだけでは見えなかったことが見えてきます。

接客は難しいことではありません。お客様の立場に立つことさえできれば、「いつ・何をすればよいか」がわかるので、接客力はぐんぐん上がっていきます。

とはいえ、「お客様の立場に立って考える」というのは難しいことです。だからこそ、実際にお客様になってみることで「どんなときにどんな対応をすればいいのか」を見つけていく必要があります。

これまで数多くのスタッフと出会ってきましたが、お客様としての体験が豊富な人は、高い接客力を持っていることが多いです。ぜひ、積極的にお客様体験を重ねていきましょう。

自分がお客様になることで、接客力は上がる

カフェで……

雨が降っているので、
足元に気をつけて
お帰りください

靴売場で……

なにか気になっている
点はありますか？

鞄売場で……

当社の鞄を使って
くださっているんですね。
ありがとうございます！
使い心地はいかがですか？

CHECK **お客様体験を重ねて、「自分がされてうれしい接客」に気づこう**

08 真似から始めよう

いいと思った接客は、深く考えずにとにかく真似してみる

堂々と真似しよう

「真似」という言葉の響きは、悪いことのように感じる方も多いでしょう。しかし、接客においては遠慮なくどんどん真似をしてみることが、短期間で接客力を向上させるコツだと思います。

真似できる対象はたくさんある

真似をする際に「誰の真似をしなくてはいけない」というルールはありません。先輩、周りのお店はもちろん、後輩からも学べる点はあるはずです。

誰かを真似ようとするときに、ありがちなのは「あの人の接客は○○の部分はよいけれど、▲▲の部分はよくない」と悪い部分を大きく見てしまうことです。ここではよい部分だけに注目して、よいところだけを真似していきましょう。

深く考えないこと

真似をする際のコツは深く考え過ぎないことです。

「自分がこれをやってもうまくいくかなぁ」「自分には合わないやり方かもしれないなぁ」と考え始めると、どんどん深みにはまってしまい、行動するパワーが落ちていってしまいます。

よさそうだと思ったら、まずはすぐに真似をしてやってみましょう。

うまくいくかわからない……と、心配になる気持ちをいったん横に置いて、とにかく真似をしてみることをおすすめします。

よさそう、と思ったらすぐに真似してみる

買い物に行ったお店で

なにか気になっている点はありますか？
迷っているときに気になっている点を聞いてくれると相談しやすいし、大切にされてる感じがするな

自分のお店で

どんな点が気になっていますか？

09

あなたなりのお客様の「ステキポイント」を見つけよう

気分よく買い物をしていただくために

恥ずかしいけれど、うれしい

お客様とのコミュニケーションに焦点を当てた研修では、相手の「ステキポイント」を見つけて伝え合うワークをすることがあります。

- ツヤのある髪の毛がうらやましい
- 差し色として入れている明るい色の靴下がおしゃれ

など、見た目を伝える方もいれば、

- さっぱりしていて話しやすい雰囲気
- ニコニコしていて一緒にいるだけで明るい気分になれる

など相手の内面について伝える方もいます。

そして、言われてどう感じたかを話してもらうと皆さん決まって、「恥ずかしいけれど、うれしい」と答えます。

勇気を出して伝えてみよう

相手のすてきな点を伝えることは、伝える側もなんだか気恥ずかしいものです。でも、お客様の気分が上がるということは、お買い上げに一歩近づくということ。

きれいな言葉でなくても、感じたまま、思ったまま、お客様の「ステキポイント」を見つけて、お伝えしてみましょう。それが、お客様の心を開くきっかけとなるかもしれません。

褒められれば誰でもうれしい！

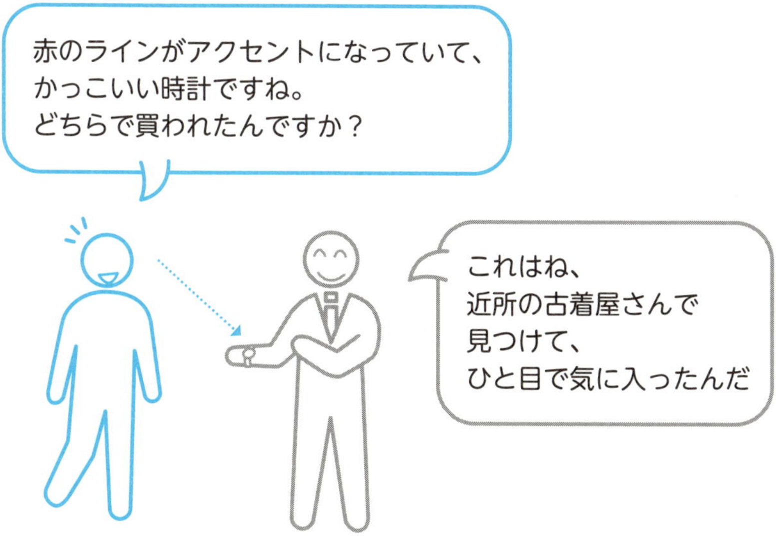
赤のラインがアクセントになっていて、
かっこいい時計ですね。
どちらで買われたんですか？
これはね、
近所の古着屋さんで
見つけて、
ひと目で気に入ったんだ

全身真っ白な
お召し物で、
お客様の優しい
雰囲気が
際立っていますね
恥ずかしいけれど、
なんかうれしいな
いえいえ
関係ない話をして
しまってすみません

10 擬音語・擬態語を使ってワクワク感を演出しよう

接客トークに動きが出るアクセント

擬音語・擬態語は接客をグッとおいしくする調味料

普通の料理だけれど、ちょっぴり塩コショウをするとグッとおいしくなる——料理づくりにおいて、調味料の力は偉大ですよね。接客においては、擬音語や擬態語がそんな調味料の役割をはたしてくれます。

例えば、

- フワッとした舌触り
- ジワッと染み出る肉汁
- ウエスト部分がキュッと絞ってあるデザイン
- プルプル感のある触り心地
- パッと目を引く明るさ

など、擬音語や擬態語を入れることで躍動感が伝わりやすくなります。

今の接客を変えずに擬音語・擬態語だけをプラスしてみる

まずは2～3つを目安に、今の接客に擬音語や擬態語を取り入れられないか考えてみてはいかがでしょうか。右に接客で使えそうな一覧を載せておきます。あなたの接客に盛り込めそうなものに○をつけておくと、より実践しやすくなるでしょう。

普段の接客トークにプラスするだけ

つけた瞬間、肌に
ピタッと吸いつく感じが
するはずです

擬音語・擬態語の例

つるつる	ピタッ	ハラハラ
ツヤツヤ	からから	ゴクゴク
グッ	サッ	ザッ
ズラリ	カチッ	ふっくら
スキッ	シュッ	ウキウキ
パッチリ	ピカッ	

11

接客の締めは必ず「ありがとうございます」

お礼を言うのはお買い上げのときだけではない

あなたの接客の締めはいつも「ありがとうございます」ですか?

「これ、ください」、そう言われたら満面の笑顔で「ありがとうございます!」と言えているかもしれません。でも、どんな接客においても必ず感謝で終わっているでしょうか?

お客様に好印象を持ってもらうことは難しいことではなく、ほんの小さなことの積み重ねです。そのひとつが「ありがとうございます」で接客を締めること。

「ありがとう」と言われて嫌な気分になる人はいないはずです。

買い物の場面に限らず、大したことはしていないつもりなのに「ありがとう」と言われたら、温かい気持ちになれるものですよね。「ありがとう」にはそんなパワーがあるのです。

気持ちよかった印象が再来店につながる

例えば、「○○の次の入荷はいつですか?」といったお問い合わせがあったとき、「次は再来週の予定です」と伝えるだけで終わってしまっていませんか?

そこに「興味を持ってくださり、ありがとうございます」と添えたらどうでしょう。きっと温かい空気が流れるはずです。

交換や返品の対応をするときでも同様です。対応して終わりではなく、「わざわざお越しいただき、ありがとうございました」とひと言添える。そうすることで、よりお客様は気持ちよく帰れるようになります。

この、気持ちよかった印象が再来店や口コミにつながり、お店の発展につながるのです。

「ありがとう」で締めて、好印象を残す

これ、
いくらですか？
8800円です
わかりました。
ありがとう
ございます
答えてすぐに
去ってしまう

これ、
いくらですか？
8800円です
わかりました。
ありがとう
ございます
こちらこそ
聞いてくださり、
ありがとう
ございます

ワンポイント

　あるショッピングセンターのレジでのこと。私は領収書の発行をお願いし、「お手数をおかけしてしまい、申し訳ありません」と言いました。すると、レジの方はニッコリ笑って「とんでもないです。こちらこそ、お買い物をしてくださり、ありがとうございます」と返してくれました。

　今まで「お手数をおかけしてしいまい、申し訳ありません」とお伝えしたとき、何か言葉を返してもらった記憶はありません。とても気持ちよく過ごせたひとときでした。

Column ❸

駐輪場のおじさんに学ぶ「お客様のために」

私は毎朝、子どもを保育園に送り、駅の駐輪場に自転車を預けて、電車に乗って仕事へと向かいます。その駐輪場での出来事です。

そこは、定年退職をされた方たちがスタッフとして働いています。どの方も、いつも気持ちよい挨拶で「おはようございます！」と声をかけてくれて、自転車を止めて駅に向かうときには、「いってらっしゃい！」と言ってくれます。それだけで、元気を注入してもらえる感じです。

さらにその駐輪場のよいところは、雨が降っても自転車が濡れないことです。一部しか屋根がついていないのですが、不思議と雨の後に取りに行っても座る部分が濡れていないのです。

私は「今日も濡れていない。ラッキー」と思いながら過ごしていましたが、ある日、ちょうど夕立が止んだときに自転車を取りに行くと、驚きの光景が目に飛び込んできました。

スタッフの皆さんがタオルを持って、何百台とある自転車を１台１台拭いていたのです。

感動しました。と、同時にそれまで拭いてくれていたことに気づけなかった自分を恥ずかしく思いました。

雨の日も見えないところで自転車を拭いてくれている駐輪場の皆さんのおかげで、私はいつも快適に自転車を引き取り、帰ることができていたのです。

例えば、洋服店であれば試着室に入ったお客様の靴を磨いて差し上げる。雨が降ってきたら、お客様の他の荷物も「雨カバーをつけますか？」と提案して差し上げる、などなど、これは他のお店でも取り入れられることだと思います。

すべてのお客様が気づいてくれるというわけではないでしょう。もしかしたら、気づいてくれるお客様はほんのわずかかもしれません。でも、お客様が快適に過ごせるように取り組む。そんな“わざわざ”がお客様にとっての気持ちよさにつながり、あなたのお店を選んでもらえる理由のひとつになるのではないでしょうか。

Part 4

お客様の心をつかむために必要な「観察力」

01

「気づいていますよ」のサインはできるだけ早く

どんなお店が居心地がいいのか、お客様の立場に立って考えよう

居心地のいいお店・悪いお店

先ほど、接客研修の際に「入りやすいお店・入りにくいお店」の要素を受講生の皆さんに書き出してもらう、と言いました。

そうすると決まって、「入りたいお店」では「店員さんがすぐに気づいてくれる」が挙がり、「入りたくないお店」では「入っても気づいてくれない」が挙がります。

ここからわかるように、お客様はすぐに声をかけてほしいというわけではないけれど、自分の存在には気づいてほしいのです。

日常生活でも、出勤して「○○さん、おはよう」と声をかけられたら気持ちがよいはずです。逆に、誰もあなたの存在に気づいていないかのように無視をされたら、寂しい気持ちになるのではないでしょうか。

お客様に店内でゆっくり過ごしてもらうためには、居心地のよい空間をつくることが重要です。そのスタートが、まずは「お客様に気づく」ということなのです。

一番伝えやすいのは挨拶

こちらがお客様に気づいていることを最も伝えやすいのは、挨拶です。きちんとお客様のほうを見て声をかけましょう。

たとえ作業中や接客中で、すぐにお客様に近づけなくてもいいのです。一瞬でいいので手を止めて、顔を上げて挨拶をする。それだけでお客様は「私が来たことに気づいてくれている」と感じることができます。

そんな小さなことがお客様の心地よさにつながるのです。

来店に気づいていることを伝える

商品をゆっくり見てほしいから気づかないふりをしよう
私に気づいてくれていないのかな……
スタッフ
お客様
あ！　お客様だ！挨拶をしよう
すぐに気づいてくれてうれしいな
いらっしゃいませ
こんにちは
スタッフ
お客様

ワンポイント

もし、自分の接客中は目の前のお客様に失礼な気がして、他のお客様にどうしても挨拶ができないという方には、「アイコンタクト＆口パク挨拶」をおすすめします。

接客中のあなたの前を他のお客様が通ったら、目を合わせて、声に出さず口だけ「こんにちは」や「いらっしゃいませ」と動かす。それだけでも十分伝わりますし、お客様は自分を気にかけてくれた、と温かい気持ちになるでしょう。

02 お客様は言葉ではなく、行動でサインを出す

「すごいスタッフ」は言葉以外からお客様のメッセージをくみ取る

売れるスタッフはどこが違う？

「○○さんはとにかくよく売れるんです！」

「△△さんは、本当にお客様に寄り添った接客をするんです」

「●●さんは、お客様の好みをすぐにつかめるんです」

こう言われるようなスタッフは、あなたの身近にもいらっしゃるでしょうか？　そのスタッフのようになりたい、と思っている方も多いでしょう。お客様に愛されて、選ばれるスタッフは具体的にどんなところがすごいのでしょうか？

実は業種問わず、「すごいスタッフ」は見ているところが違うのです。

お客様のどこを見ているかで変わる

スタッフの多くは、お客様の言葉を通して「これは好きじゃなさそう」「そういうのが好みなんだな」と判断しているのではないでしょうか。

それに対してすごいスタッフは言葉にならない部分を見ています。彼らはお客様の視線や足の向き、ちょっとした行動など、言葉以外の部分からもメッセージをくみ取ろうとしているのです。

実は私たちが見過ごしているだけで、お客様はたくさんのメッセージや思いを発信しています。先ほど述べた、腕時計を見る仕草もそうです。

これらの言葉にならないメッセージをきちんと受け取るから、観察力のあるスタッフは、よりお客様に寄り添った接客ができ、お客様の心をつかむことができるのです。

この章では、お客様のどんな点を見ればよいのか、そのサインからどんなメッセージを想像すればよいのか、についてお話しします。

お客様のサインを読み取る

普通のスタッフ
うんうん、このお客様は「派手」と言ってるから、この商品はナシだな
デザインは好きなんですが、色がちょっと派手かなと

売れるスタッフ
デザインは好きなんですが、色がちょっと派手かなと
お客様はこの色が派手だと感じてるんだな
でも、派手と言いながらもジッと見てる……。やっぱり気になるのかも。この色のよさを伝えてみよう

03 お客様の視線の先を見よう

目は口以上にものを言う！

「見ているだけ」と言うお客様

接客業をしていると、声をかけてもお客様から「見ているだけです」と言われることはありませんか？　「毎日そんなお客様ばかり……」と思っている方も多いかもしれません。

このお客様はみんな、その商品に興味のない方なのでしょうか？　私は全員が興味がないわけではないと思います。

実際に私も「見ているだけ」と言っているお客様に、今までたくさんお買い物をしていただきましたし、サポートに伺ったお店のスタッフたちも、何度もお買い上げいただく経験をしています。

では、「見ているだけ」と言っているお客様の、どんな部分を見れば興味を持ってくれているかどうかがわかるのでしょうか？

ポイントは視線

日本には、「目は口ほどにものを言う」ということわざがあります。私は、接客においては「目は口以上にものを言う」と思っています。

店頭にいらっしゃるお客様は、差はあれどたいていの方が「売り込まれたくない」という警戒心を持っています。

そのため、言葉では「見ているだけです」と興味のなさそうな素振りをすることがとても多いのです。しかし、目は正直です。

視線の先には、お客様の興味が表われます。お客様の視線の先を見る習慣を、接客の中に取り入れていきましょう。

目は口以上にものを言う

普通のスタッフ

見ているだけなので
そちらのカップは、底もかわいいんですよ。ぜひご覧になってください
なにかご不明な点がありましたら、お気軽に声をかけてください
このお客様は今日は見に来ただけだから、そっとしておこう

売れるスタッフ

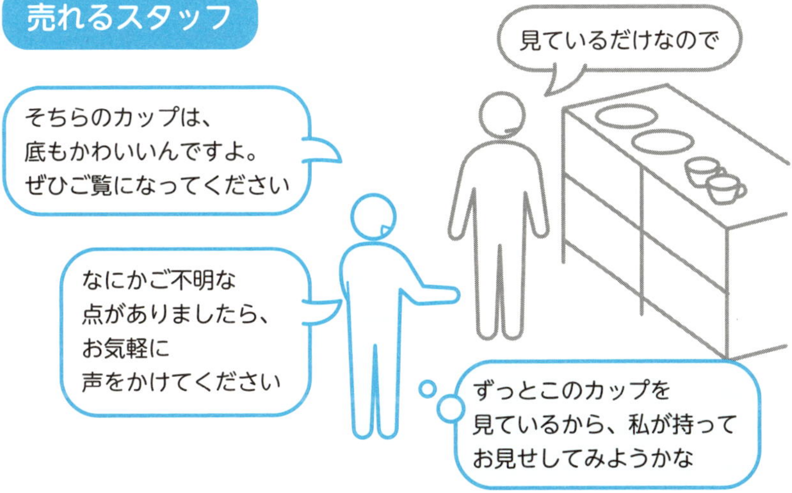
見ているだけなので
そちらのカップは、底もかわいいんですよ。ぜひご覧になってください
なにかご不明な点がありましたら、お気軽に声をかけてください
ずっとこのカップを見ているから、私が持ってお見せしてみようかな

04
視線別のお客様のサインを知ろう

本心は視線に表われる

どんな視線が興味のサイン？

お客様の視線から、どんなことを推測できるのかを２つご紹介します。これらを頭に入れておくことで、「お客様は今、この商品に興味があるのかもしれない」と、お客様の気持ちをくみ取りやすくなるでしょう。

この視線は要チェック

①興味を持っているサイン

基本的にお客様はざーっと流れるように商品を見ています。そんな中で、３〜５秒ほどある商品に視線が止まることがあります。これはお客様の「この商品に興味がある」という気持ちの表われです。

もうひとつわかりやすいサインとして、足は進行方向を向きながらも、視線だけは商品に向いている状態もあります。

店内を１周ぶらっとまわって出るつもりではあるものの「この商品が気になる！」というときにお客様が見せてくれるサインです。

②気になっている商品はコレ！　サイン

接客をしていると、お客様が「どちらがいいだろう？」と、２つの商品で迷っているシーンによく出会います。そんなときにも、視線を観察することは役立ちます。

お客様は迷っている素振りを見せながらも、心が傾いている商品のほうを見る頻度が高くなっているものです。

視線はお客様の商品への愛情の表われです。どちらに愛情が注がれているかを、視線を送る頻度でチェックしてみましょう。

お客様の視線で「気になる商品」を見抜く

あの商品に
興味があるんだな
あの商品が
気になっているのかも
ハートのほうが
気に入っているんだな

CHECK

２つの商品で迷っているお客様には、「よくご覧になっているので」と多く見ているほうをおすすめして、背中を押すひと言もgood!

05

持ち物はお客様の「こだわり」の表われ

身につけているものから好みを探ろう！

お客様が身につけているもの、見ていますか？

視線以外にも、お客様はたくさんの無言のメッセージを投げかけてくれています。お客様が身につけているものも、大切なメッセージのひとつです。あなたは接客時に、普段からお客様が身につけているものを気にかけて見ようとしていますか？

身につけているものからわかること

お客様が身につけているものからはお客様の好みを読み取ることができます。中でも一番わかりやすいのは色です。

黒やグレーなどを着ていたら、お客様は落ちついた色が好きな可能性が高いでしょう。また、大人っぽい雰囲気が好きなのかもしれません。

一方、赤やオレンジ、黄色といった鮮やかな色を着ていたら、明るい色が好きで、人とちょっと違うものを好まれる方が多いでしょう。

その人の好みは、身につけているもののデザインにも表われます。ぱっと見た感じはシンプルだけれど、よく見ると変わった形のボタンがついたコートを着ている、などのお客様はシンプルな中にもどこかにこだわりのあるものをお好みかもしれません。

鞄や靴、腕時計などの小物にもお客様の好みは隠れています。珍しいスニーカーを履いていたり、鞄を持っている方は、ひと癖ある商品にひかれやすく、こだわりが強い方かもしれません。

このように、お客様の身につけているものを意識しながら見ていくと、いろいろな発見ができますし、会話の糸口にもなって、好みに近い商品を提案しやすくなります。

身につけているものから好みを見抜く

服装から
黒のワンピースに
黒のカーディガン……
黒好きなお客様かな
変わったデザインの靴だな。
人とちょっと違う感じの
ものが好きなのかな
小物から
キャラクターものの腕時計だ。
かわいらしい感じが
好みなのかな

CHECK

おすすめのチェックアイテムは鞄、靴、腕時計！

06
お客様のキョロキョロは「声をかけて」のサイン

声をかけてほしいお客様もいる、と心得る

声をかけてほしいお客様に気づいていますか？

店頭のスタッフの方たちと話していると、「お客様はみんな声をかけられるのを嫌がる」という思い込みを持っている、と感じることがあります。もちろん、そういうお客様も少なからずいらっしゃるでしょう。

でも、それと同様に「声をかけてほしい」というお客様もいらっしゃるのです。そして、「声をかけてほしい」と考えているお客様はしっかりとサインを出してくれています。

「声をかけて」のサインとは？

そのサインとは、キョロキョロと目や首を動かしていることです。

例えば、あなたが飲み物を買いたいなと思ってコンビニに入ったときを思い出してみてください。「飲み物のコーナーはどこかな？」とキョロキョロと探すのではないでしょうか？

ほしいものがあるときは、無意識にそれを探しているはずです。このようにキョロキョロしているお客様は、探している商品や見たい商品が決まっている場合が多いです。

だからこそ、そんなお客様を見つけたら、「何か探されていますか？」と声をかけることが大切です。ちなみに、探しているものが決まっているお客様は入店してすぐにこのようなキョロキョロ行動をとることが多いです。

キョロキョロしているお客様に「何かお探しですか？」と声をかける。それは、売り込みではなく、お客様の「声をかけてほしい」という要望に沿った声かけといえるでしょう。

キョロキョロしているお客様には声をかけよう

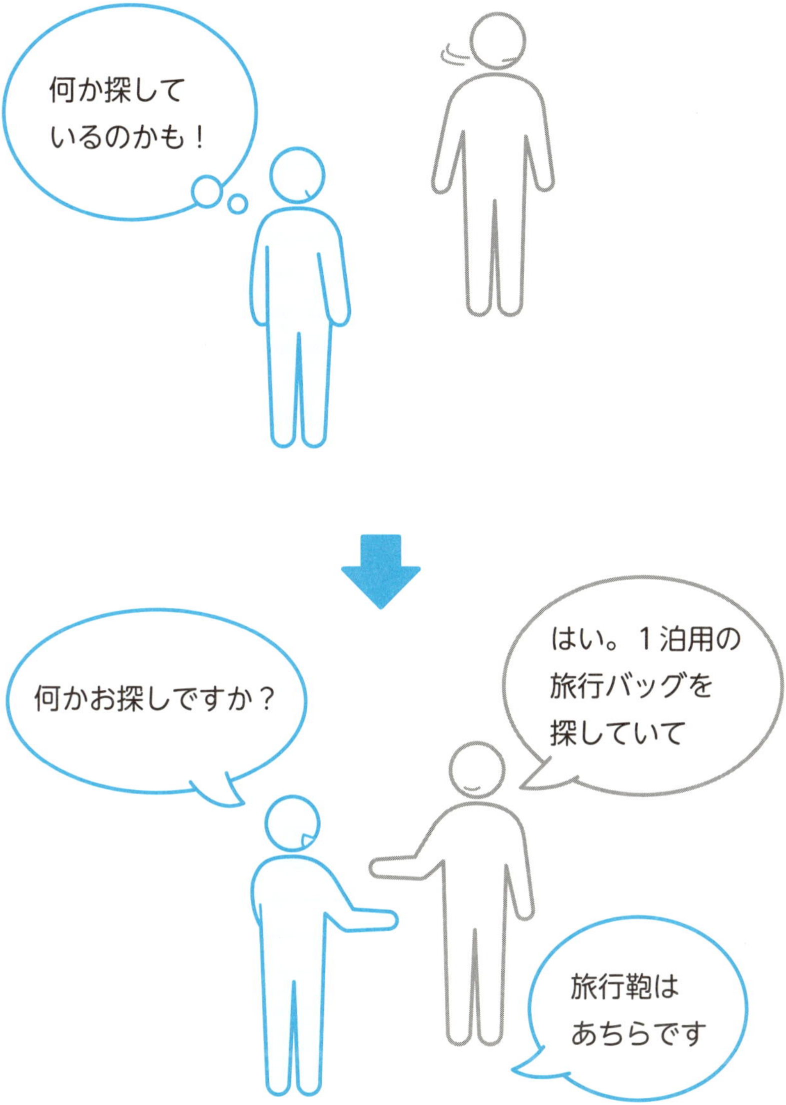
何か探しているのかも！
何かお探しですか？
はい。1泊用の旅行バッグを探していて
旅行鞄はあちらです

07

顔を上げたら「誰かいないかな」のサイン

お客様を観察して、サインに気づこう！

商品を見ている途中も観察しよう

先ほどのお客様のキョロキョロサインは、来店してすぐに見せる行動です。お客様はお店に入ってしばらくしてから「今、声をかけてほしい」というサインを出してくれることもあります。

だからこそ、お客様がお店に入ってくる瞬間だけでなく、お店の中で商品を見ているときの様子も、しっかりと観察し続けることが大切です。

こんなお客様をよく見かけませんか？

お店に入ってくるとき、スタッフと目を合わせようとしないお客様は多いですよね。目を伏せたまま、もしくは商品の棚を見たままの様子で入ってくるお客様はかなり多いはずです。

お客様としては「恥ずかしい」とか「買う気があるわけではないから」などの理由があるのでしょう。だから、来店時には伏し目がちのお客様が多いのです。

お客様が気になる商品に出会った！

そんなお客様も、店内を見ているうちに「この商品かわいいな」「これ、よさそう」と思うものに出会うと、思わずその思いが行動に出てしまいます。それが、伏し目がちな状態から「顔を上げる」ことです。

これは、「これについて聞いてみたいんだけれど、店員さんはいるかな？」とか「これを試着してみたいな……」というお客様の気持ちの表われです。だからこそ、こんな行動を見かけたときにも、ぜひ声をかけて差し上げましょう。

お客様が顔を上げたら声をかけるタイミング

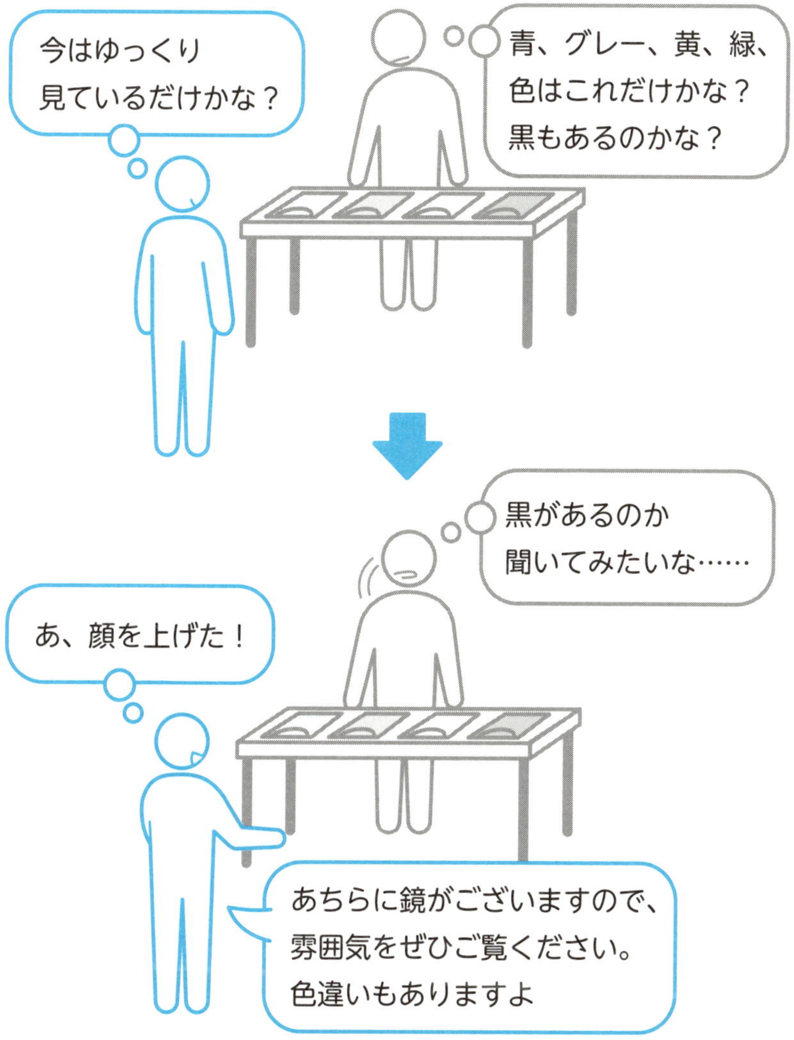
今はゆっくり
見ているだけかな？
青、グレー、黄、緑、
色はこれだけかな？
黒もあるのかな？
黒があるのか
聞いてみたいな……
あ、顔を上げた！
あちらに鏡がございますので、
雰囲気をぜひご覧ください。
色違いもありますよ

08

同じ商品に二度近づいたら「強くひかれている」サイン

「やっぱり気になる！」という商品にはお客様は戻ってくる

こんな経験、ありませんか？

買い物に行ったとき、最初の印象でいいなと思った商品にまた戻ってしまう。そんな経験をしたことはないですか？

「かわいいＴシャツだな」（Ｔシャツを広げて見てみる）

→「でも、とりあえず店内を一周してざっと見てみよう」

→店内をぐるっと一周してみる

→「やっぱり、最初に見たあのＴシャツかわいいな」（もう一度Ｔシャツをじっくり見てみる）

というような経験です。

まったく同じではなかったとしても、似たようなシーンを経験されたことはあるのではないでしょうか？

クライアントのお店をまわっている中でお客様を見ていると、「気になる商品のところには戻ってきてしまう」という場面をたくさん見かけます。

これもひとつのお客様のサインです。

「強くひかれた」ときのサイン

同じ商品に再び近づくということは、お客様の「強くひかれた」気持ちの表われです。

このようなお客様を見かけたときには、すでに目の前の商品に強く興味を持っている状態なので、「そちらの商品は横から見た感じがよりかわいいんですよ」など、商品の特徴やよさを伝える声かけをするのもいいでしょう。

お客様が同じ商品に戻ってきたら声をかけよう

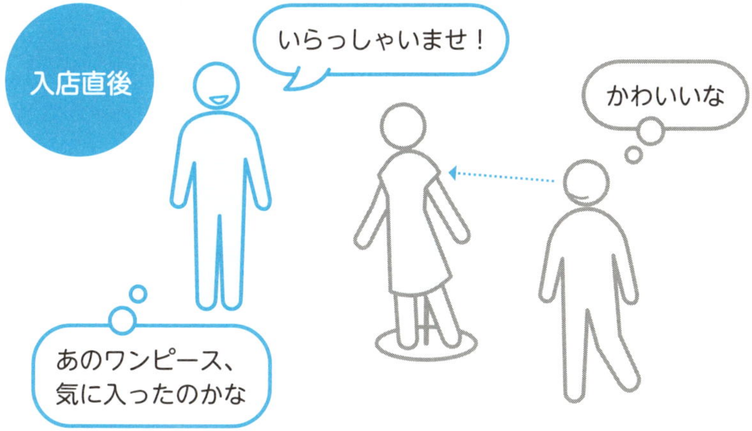
入店直後
いらっしゃいませ！
かわいいな
あのワンピース、
気に入ったのかな

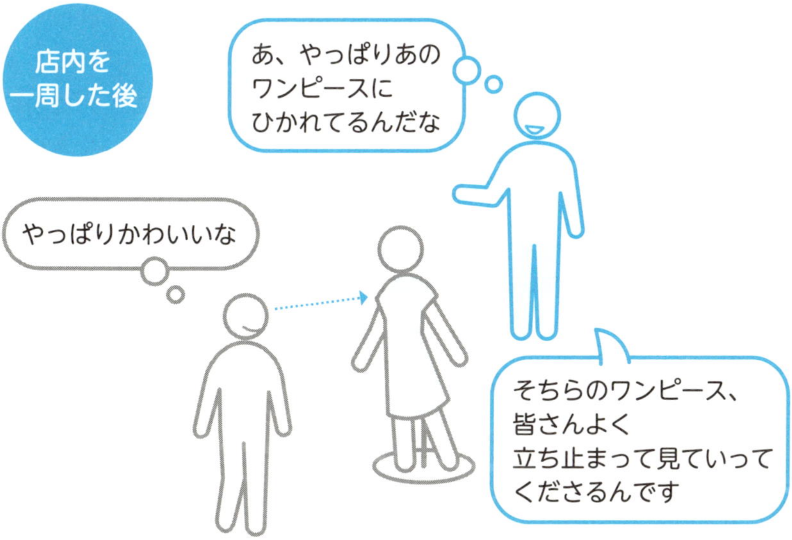
店内を
一周した後
あ、やっぱりあの
ワンピースに
ひかれてるんだな
やっぱりかわいいな
そちらのワンピース、
皆さんよく
立ち止まって見ていって
くださるんです

09

お客様が「その商品で一番気になっている点」に気づく

お客様の注目ポイントに合わせたトークを

ここまで観察する習慣をつけよう

お客様がハンガーにかかっていた白地のシャツを手に取り、ジーッと見ています。このとき、あなたはお客様がこのシャツのどの点が気になっているのかわかりますか？

このようなときも、お客様は例えば次のようにサインを出してくれています。

- 値札を探す素振りをしていたら……「これ、いくらなのかな？」
- 商品のタグを見ていたら……「どんな素材でできているのかな？」
- 全体を見ていたら……「着たらどんな感じになるんだろう？」

お客様はその商品で一番気になるポイントを確認するために行動します。だからこそ、どの商品に興味を持っているかだけではなく、その商品のどこが気になっているかも見つけましょう。そうすると、接客をよりスムーズに進めることができます。

お客様が気になっている点を説明しよう

お客様が商品のどの部分が気になっているのかを知ることができたら、まずは、お客様が気になっている点から説明することがポイントです。

例えば、商品についているタグを見ているお客様だったら、「麻が入っているので、着心地が涼しげになります」という入り方で、説明を始めます。そうすることで、お客様はあなたの説明を前向きに聞いてくださるでしょう。

お客様が気にしているポイントから、商品説明をする

値札を見ている様子

いくらなのかな？
こちら、
お値段は 8600 円で、
さらっとした
着心地抜群のシャツです

全体を見ている様子

ウエスト部分を絞っているので、
かなりスッキリ見えます。
ソデの長さも 8 分くらいなので、
バランスよく着ていただけますよ
着るとどんな
感じなんだろう？

Column 4

「妄想トレーニング」で提案力アップ

あるファッションビルの女性スタッフから、通勤時間を利用したある取り組みを始めたところ、その2か月後から急激にお買い上げいただけるお客様数が増えた、ということを聞きました。

その女性スタッフは通勤中、どんな取り組みをしていたのでしょうか？　それは、「妄想トレーニング」です。

どのようなことをするのかというと、朝と帰りの通勤中の電車の中でランダムに5名ずつの方を勝手に「自店の商品をこの方に合わせるなら」と想像するのです。

たったそれだけで、お買い上げいただけるお客様数が増えたそうです。なぜなら、この妄想トレーニングによって、スムーズにお客様に商品を提案できるようになったからです。

接客はお客様とのコミュニケーションがとても重要です。言葉のキャッチボールをしながら、「どんなものがお好みなのかな？」と考えていきます。しかし同時に、「このお客様にはこの商品が合うのではないだろうか？」と予想できる力があると、「こんな感じはお好みではないですか？」と、商品をご提案することもできます。

お店に足を運んでくださるお客様の中には「何が好みか自分でもよくわからない」という方もいらっしゃいます。そういうお客様にはこちらから提案をして差し上げるとよいでしょう。その力を養うためにも通勤時間を利用して妄想トレーニングをするのです。

行き帰り5名ずつだと、1日で10名の方を想像することができます。月に20日の出勤だとしたら、200名です。1か月で200名の方を対象に、「自店で合う商品は？」と考えていれば、お客様への提案力が上がるのは想像がつくことでしょう。

これは、なにも電車に乗らないとできないことではありません。例えばショッピングセンターの中に入っているお店であれば、手の空いたときに掃除などをしながら、通路を歩くお客様を見て妄想トレーニングをする、などもできますね。

信頼性を高める
「商品知識」

Part 5

01

商品知識があることのメリット

お客様に信頼され、自分の自信にもつながる

なぜ商品知識が必要なのか？

①お客様の信頼を獲得するために

接客する上で商品知識は重要です。

ではなぜ、商品知識が必要なのでしょうか？

例えば、スタッフがいくら元気いっぱいに「このサンダル、おしゃれですし、歩きやすさにもこだわっているんです！」と、商品をご紹介したとしても、お客様から「どうして歩きやすいんですか？」と聞かれた際に、答えられなかったらどうでしょうか？

きっとお客様は「なんかこの店員さん、信用できないな」と思うでしょう。

せっかく心を込めて接客をしていても、商品知識のなさを感じられてしまった瞬間に、お客様からの信頼は減ってしまいます。「この人が言うなら」と、お客様に信頼してもらい、接客の時間を前向きに過ごしてもらうためにも、商品知識は大切です。

②自分の自信にもつながる

実は、商品知識を身につけるのは、お客様のためだけではありません。

接客するあなた自身のためでもあるのです。商品知識がない中での接客は、「質問をされたらどうしよう」「先輩が近くにいない……どうしたらいいだろう」と不安を抱えながらの接客になってしまいます。

自信がないと接客にも集中できませんし、お客様にも気持ちを傾けきれません。そんな中では商品のよさも伝えられませんよね。

商品知識はあなたが胸を張り、お客様の目をしっかり見て、自信を持って接客をするために大切な要素なのです。

商品知識が必要な理由

❶ お客様の信頼につながる

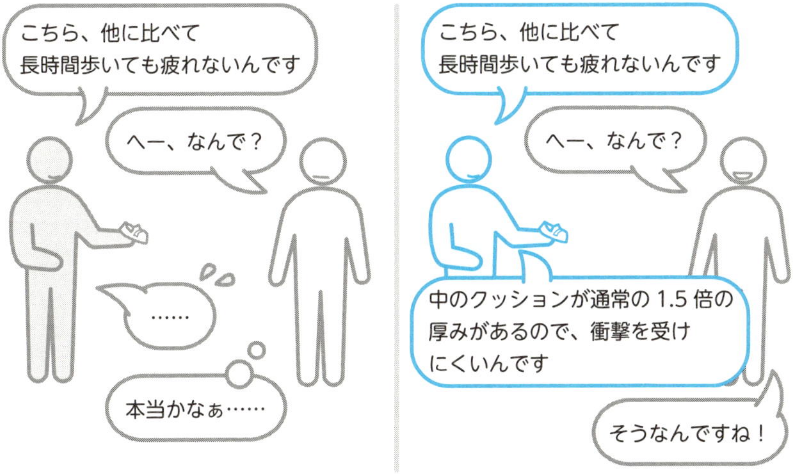
こちら、他に比べて
長時間歩いても疲れないんです
へー、なんで？
……
本当かなぁ……
こちら、他に比べて
長時間歩いても疲れないんです
へー、なんで？
中のクッションが通常の 1.5 倍の
厚みがあるので、衝撃を受け
にくいんです
そうなんですね！

❷ 自分の自信につながる

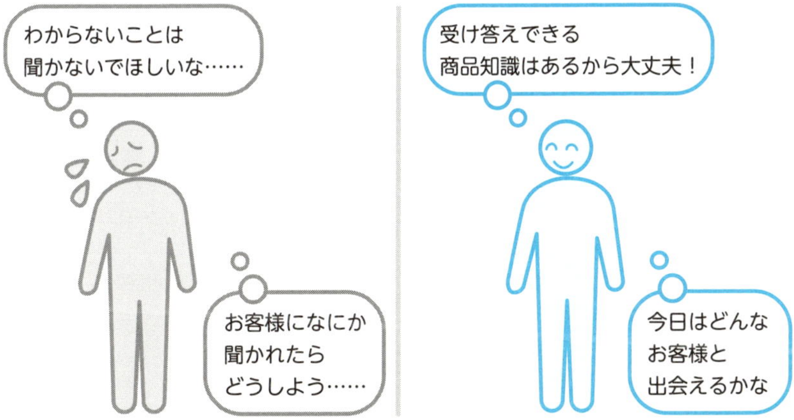
わからないことは
聞かないでほしいな……
お客様になにか
聞かれたら
どうしよう……
受け答えできる
商品知識はあるから大丈夫！
今日はどんな
お客様と
出会えるかな

02 上手に説明するよりも、まずは自店の商品を好きになろう

自分で試してみることで愛着が湧いてくる

商品知識を伝える前に

お客様の前に立つと、どうしても「商品のことを上手に伝えないと」という思いが出てきてしまいます。そのようなときは、どんな言葉でどんな順序で伝えたらよいだろう？　とテクニックを考えがちです。

もちろん、言葉は大切です。しかし、思いが込もっていなければ、残念ながらお客様には届きません。

例えば、好きな映画のあらすじを人に伝えるのと、好きではない映画のあらすじを説明するのとでは、伝わり方に違いが出ることは想像がつくでしょう。

自分の「好き」という思いがこもっているほど、説明を聞いた人は「観てみたい」という気持ちになると思います。

接客も同じです。商品を上手な説明で伝えることも大切ですが、まずはその商品を好きにならないと、そのよさは伝わっていきません。

商品を好きになるために必要なこと

商品を好きになるために私がおすすめするのは、実際に商品を使ってみる、食べてみるなどという“体験”をすることです。

試してみることで愛着が湧きますし、「使ってみるとこんなよさがあった！」という新たな発見があります。そうすると、商品への「好き」という気持ちが湧いてきます。

店頭が落ちついていて手が空いているときなどにぜひ、たくさんの商品を体験しましょう。その体験の積み重ねが、あなたの商品への思いの強さにつながっていくはずです。

まずは試して、自店の商品を好きになろう

なんて説明したら
いいだろう？
上手に説明するには
どうしたらいいだろう？

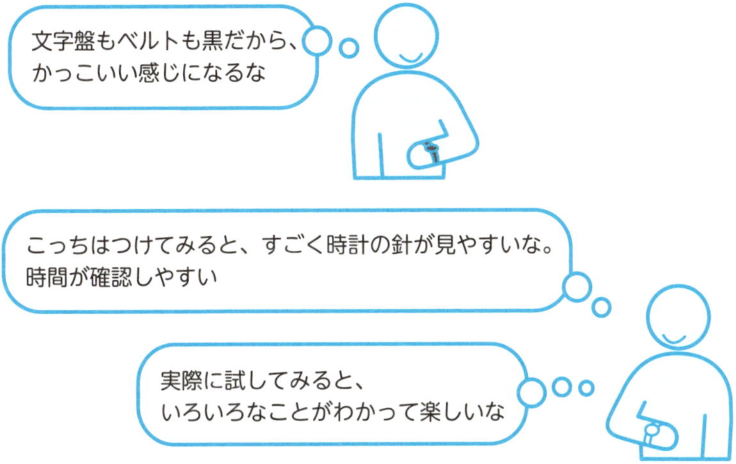
文字盤もベルトも黒だから、
かっこいい感じになるな
こっちはつけてみると、すごく時計の針が見やすいな。
時間が確認しやすい
実際に試してみると、
いろいろなことがわかって楽しいな

ワンポイント

商品説明の研修で、あるスタッフは一生懸命商品のよさを伝えようと話していました。言葉を選ぼうとしている様子は伝わってくるものの、なんだかつまらなそうですし、その商品のよさが感じられませんでした。

そこで、うまく話すことは考えず、その商品を使った体験を話してみるワークをしたところ、イキイキと楽しそうに話し始めたのです。私よりも先に周りにいた方たちが「今の方がずっといい！　それ（商品）がほしくなった」と口を揃えて言っていました。

体験を伝えるということは、商品のよさだけでなく、接客する本人のよさも伝えられるポイントと言えるでしょう。

03
商品を試して好きになる3ステップ

いつ、誰が、どのように使うか、までイメージしよう

商品のよさが見つからない!?

お店をまわっていると、「自店の商品を見てはいるんですが、どこを見ればよいかわからないんです」という悩みをよく耳にします。

つまり、商品を見てはいるけれど、どのようによさを発見していけばよいかわからない方がけっこう多いのです。

そこで、前項でお伝えした「商品を好きになる」方法を3ステップに分けてお伝えします。

【ステップ1】商品を体験する

食品であれば食べてみる、商品であれば着てみる、使ってみるなど、実際に自分で試してみます。

⬇

【ステップ2】気づいた事実をどんどん挙げる

目で見たり、触ることでわかる事実をとにかく挙げていきます。

⬇

【ステップ3】具体的に考える

ステップ2の事実から、「どんな人に向いている商品だろう？」と、年齢や性別、使っているシーンまで具体的に考えます。

このように、3ステップで商品を見ていくことで、どんな方に合う商品なのか、イメージを深めることができます。

右ページの流れをご覧いただくと、どのように取り組めばよいか想像がつくでしょう。

商品を好きになる3ステップ

ステップ1 商品を体験する

ステップ2 事実をどんどん挙げる

- 黒の牛革
- Ａ４用紙が入る大きさ
- 口の部分にファスナーがついている
- 取っ手が長めで肩にかけられる
- スマホを入れるポケットがついている
- 女性用の大きめの化粧ポーチが入る
- 底の四隅に留め金がついている

ステップ3 ステップ2の事実から、どんな人に向いているかを具体的に考える

- Ａ４ファイルを入れて外回りをする営業職の男女
- 底に留め金があることで底面が直接床につかないことから、きれい好きな人向け
- 仕事にもプライベートにも使いたいという人
- シンプルなものが好きな人
- ファスナーがついていて外から中身が見えないため、鞄の中の整理が苦手な方やスリの心配をされている方

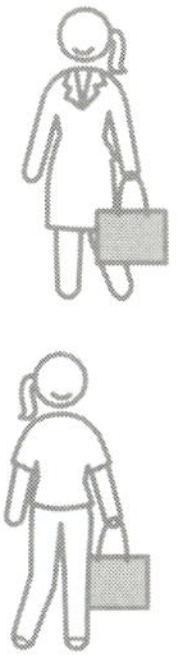

ワンポイント

私は鞄を扱うお店で販売をしていました。大きな声では言えないことですが、最初の頃、自店の商品にあまり興味がありませんでした。

もちろん接客をしても、まったく売れません。そこで、「高いなぁ」と思いつつも、自店の商品を買ってみたのです。そうすると、どんな洋服にも合うのです。容量も見た目以上にたっぷり入るし、型崩れがしにくい。いつの間にか私の中で一番のお気に入りの鞄になっていました。それと比例するように、売れるようになっていったのです。

体験をすることで、商品のよさを心から伝えられるようになりましたし、自然と商品への理解を深められるのだ、ということを強く感じました。

04

先輩・店長を頼って スピーディーに商品知識を学ぼう

先輩に聞けば、以前の商品と比較することができる

周りのスタッフの力を借りよう

商品知識は、そのお店での接客経験の長さに比例して増えることが多いです。長年働いている人は、自店の昔の商品も知っています。そのため、以前に比べて自店の商品のどんな点が変わったのか、どのように改善されたのかを知っています。

また、接客経験も豊富な分、お客様から商品についてたくさんの質問を受けてきていますので、よく聞かれることや覚えておいたほうがいいポイントもわかっています。

もし、周りにそんな先輩がいらっしゃるようであれば、それはとてもラッキーです。ぜひ、積極的に先輩や店長を頼って商品知識をさらにスピーディーに身につけましょう。

どんな点を聞けばよいか

とはいえ、先輩や店長に何を聞いたら商品について教えてもらえるのかがわからないという方のために、商品について教えてもらうための質問をご紹介します。

- **「○○さんから見て、以前と比べてどんな点がこの商品のよさとして加わったと思いますか？」と、よさを聞くこと**
- **「(ひとつめの答えに対して) どうしてそう思われるのですか？」と、理由を聞くこと**

以上の2つです。よい点だけでなく、そう思う理由も聞くことで、昔の商品と比べてどこがよくなったかを比較しながら教えてもらえるため、よりお客様の役に立つ、深まった知識がついていくのです。

先輩に聞きたい2つの質問

先輩！　お聞きしたいのですけれども、先輩から見てこの商品のよさはどんな点だと思いますか？
しっとり感が続くところかな
そうなんですね。ちなみに、どうしてそれがよさだと思われるのですか？
当社のものは今まで、さっぱりとしているものが多かったの。つけてからしばらく経ってもまだしっとり感が残ってるのは、珍しいと思うんだ
なるほど。ありがとうございます

ワンポイント

例えば、携帯電話を扱っているお店で、先輩にひとつめの質問をしたところ、「カメラがブレにくい」と答えたとします。さらに理由を聞く２つめの質問をすると、「昔はペットの写真を撮ると、動いているからブレやすいと、お客様からよく言われたんだよ。でもこれだったら、手ブレ防止機能が高度になったから、前よりもブレにくいんだよ」と、今までの商品と比較した理由を教えてくれるなど、この２つの質問は業種を問わず効果的です。

05

質問を入れることで商品をさらに魅力的にしよう

一方的に話すのではなく、お客様を巻き込もう

「伝えたい」思いからくる落とし穴

接客業についたはじめのうちは誰しも、お客様と話をするだけでもドキドキして、戸惑いながら接客を進めることでしょう。

しかし、数か月もするとだいぶ自分なりのやり方ができてきます。すると、商品のよさを伝えたいという思いが湧いてきます。

「よささえしっかり伝えられれば、きっとお買い上げいただける」という思いから、どんなところがよくて、どんなこだわりを持った商品なのかをとにかく伝えたくなります。

この、「商品のよさをどうしても伝えたい病」にかかると、ある症状が出てきます。それは、一方的に話し続けてしまうことです。

そうすると、お客様は取り残された印象を受けてしまい、残念ながら気持ちは離れていってしまいます。

お客様を巻き込む方法

では、どうしたらよいのでしょうか？　それは、一番伝えたい情報をお伝えする前にこそ「質問を入れる」ことです。

例えば、後ろ姿にこだわったジャケットをご紹介する際、「後ろ姿にもこだわっていて」と話し出すのではなく、一度「後ろ姿をちょっと見てみていただけますか？」と、お客様自身に後ろ姿を見てもらいます。

その後に「実は後ろ姿にもこだわっていて……」と話を続ける。そうすることで、お客様の「へえ」「なるほど」という声が大きくなります。これは、あなたの接客ワールドに引き込まれている証拠です。質問を上手に使ってお客様を巻き込み、よさが伝わるよう意識してみましょう。

お客様の「へえ」「なるほど」を引き出す

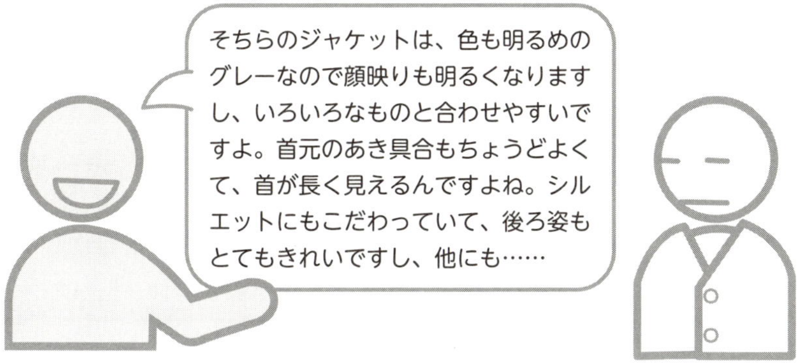
そちらのジャケットは、色も明るめのグレーなので顔映りも明るくなりますし、いろいろなものと合わせやすいですよ。首元のあき具合もちょうどよくて、首が長く見えるんですよね。シルエットにもこだわっていて、後ろ姿もとてもきれいですし、他にも……

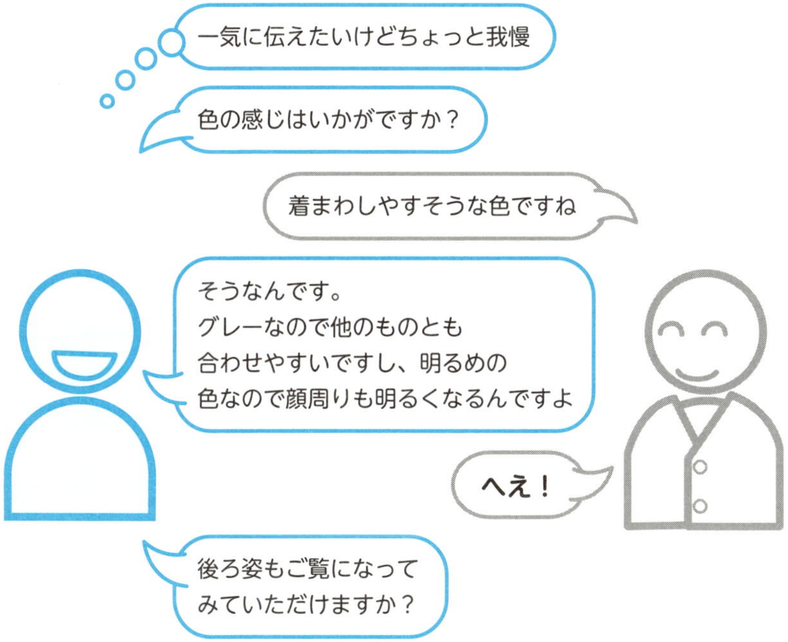
一気に伝えたいけどちょっと我慢
色の感じはいかがですか？
着まわしやすそうな色ですね
そうなんです。
グレーなので他のものとも
合わせやすいですし、明るめの
色なので顔周りも明るくなるんですよ
へえ！
後ろ姿もご覧になって
みていただけますか？

06

商品の情報は一気に伝えず小出しにする

「プラス１」の知識を少しずつ

商品知識ナンバー１の人＝売れる人、ではない

商品知識がないと、お客様に説明もできないし、質問にも答えられないから、どのスタッフも一生懸命勉強します。でも、人一倍勉強して豊富な商品知識を身につけたにもかかわらず、残念ながら伸び悩むスタッフが多いのも現実です。

こんな経験はありませんか？

ここで問題となるのは、商品知識の量ではなく、知識の出し方です。

あなたはお客様として買い物に行った際に、ひとつ質問しただけなのに、専門用語だらけの嵐のようなトークが始まり、「理屈っぽい」「うるさい」と感じて、逃げるようにその場から去った、という経験はないでしょうか？

私は、家電製品を見に行ったときによくそうなります。私が電化製品の知識がまったくなくて、操作も苦手だから特に電気店でそう感じますが、これはどのお店でも起こっていることです。

コツはプラス１の知識

お客様に商品知識を提供する際のコツは、お客様からの質問に「プラス１」の知識を添えて、合計２つの回答をすることです。

右ページの話の流れをご覧いただくと、プラス１の知識の提供の仕方をイメージしていただけるかと思います。

頭の中にある知識をシャワーのように一気にお客様に浴びせるのではなく、お客様が受け取りやすいように小出しにしていきましょう。

プラス１の知識を伝えて、興味をひこう

このせっけん、
いい香りですね。
何の香りですか？
質問への回答
バラの香りです
プラス１
の知識
バラの香りには
疲れや緊張感をほぐしてくれる
働きがあるので、
１日の終わりに夜、
おふろで使うとリフレッシュできますよ

07 メリットだけでなく、デメリットも伝えよう

「よくない点」も伝えるからこそ、得られるものがある

デメリットを伝えることはよいこと？　ダメなこと？

商品のよさだけを伝え続けないと、お客様にお買い上げいただけない、そう思っている方が多くいらっしゃいます。では、デメリットは隠し通したほうがよいのでしょうか？

私は次の３つの理由から、デメリットもお伝えするべきだと考えます。

①今後の再来店につながりやすい

メリットばかり伝えてお買い上げいただいたとしても、お客様が実際に商品を使ってみて、「このことについては教えてくれなかった！」ということになったらどうでしょう？　きっと「もうあのお店には行かない」と思うでしょう。クレームにつながる可能性もあります。

お客様に納得してお買い上げいただくことが、将来の再来店につながるポイントです。

②お客様の信頼度がアップする

あなたがあるお店の商品に興味を持ったとき、スタッフが「●も○もすごいんです。△も優れていますし、□部分のデザインもおしゃれですよ」と、延々とよい点ばかりを話されたら、どう感じますか？

「売りたいからいいことばかり言っているんじゃないの？」という気持ちになりませんか？　デメリットもあるからこそ、商品やお店に信頼感が持て、メリットの部分がより生きていきます。

③売る側の精神的にもよい

「デメリットを隠し通さなくては」と思うと、接客する側も苦しくなってきてしまいます。あなたが気持ちよく接客し続けるためにも、デメリットをお伝えすることは大切なことと言えるでしょう。

デメリットを伝える理由

❶ 今後の再来店につなげるために

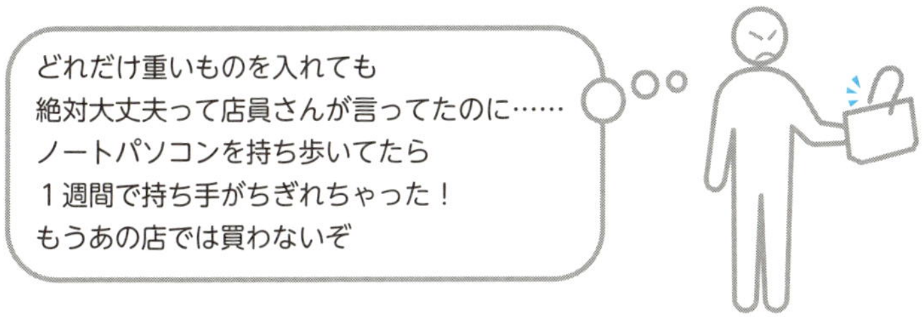
どれだけ重いものを入れても
絶対大丈夫って店員さんが言ってたのに……
ノートパソコンを持ち歩いてたら
１週間で持ち手がちぎれちゃった！
もうあの店では買わないぞ

❷ お客様の信頼度を上げるために

●も○もすごいですよ。
△も優れていますし、
□のデザインも
おしゃれです
なんかいいところしか
教えてくれないけど、
本当なのかな……

❸ スタッフの精神的負担を減らすために

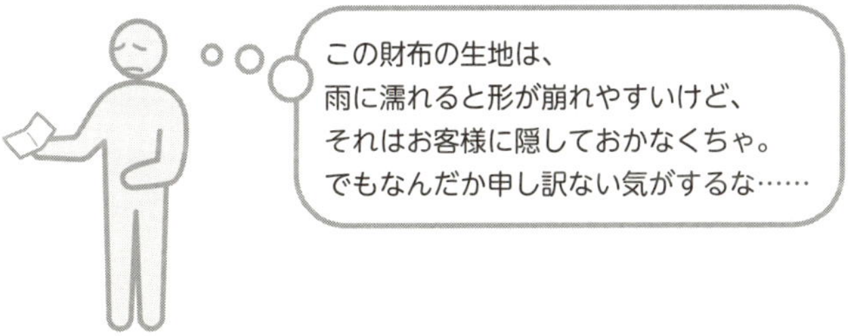
この財布の生地は、
雨に濡れると形が崩れやすいけど、
それはお客様に隠しておかなくちゃ。
でもなんだか申し訳ない気がするな……

08 # デメリットの伝え方

デメリット→メリット、の順で伝えよう

デメリットの伝え方にもコツがある

前項で「デメリットもお伝えしていきましょう」と言いました。とはいえ、デメリットの伝え方にもコツがあります。デメリットばかりが強調されてしまうと、悪い商品というイメージを持たれてしまうからです。

デメリットを伝えつつも、商品のよさが一番に伝わるようにする。それは、接客スタッフが大切にしなくてはいけないポイントです。

メリットで締める

では、どのようにデメリットをお伝えすればよいでしょうか？　おすすめする伝え方は、“メリットで締める”ことです。

例えば、掃除機があったとします。そのメリット・デメリットが、

【メリット】吸引力が強いので、細かいゴミも吸い取れる

【デメリット】音が少し大きい

だとしたら、「吸引力が強いので、細かいゴミも取れるんです。ただ、音が少し大きいのが弱点なんですけどね……」と、メリット→デメリットという順番にするのではなく、「音が少し大きめではあるんですが、その分吸引力が強いので、細かいゴミも吸い取れるんです」と、デメリット→メリットという順番で伝える、ということです。

聞き手としては、最後に言われたことが印象に強く残ります。

「優しいけれど、不器用だよね」と言われるのと、「不器用だけど、優しい人だよね」だったら、きっと後者のほうがうれしいはずです。

ぜひ「メリット締め」を意識して、デメリットもお伝えしていきましょう。

メリットで締める接客トーク

こちらは吸引力が強いので、
細かいゴミもよく取れます。
音が少しうるさいんですけどもね……
うるさいのなら、
やめようかな……

こちらは、少し音が
大きめではあるんですが、
その分吸引力が強いので
細かいゴミもよく取れます
いつも取りきれない
ゴミがあるから、
吸引力が強いのは助かるな

ワンポイント

多くのお店をまわっていると、ある傾向が見られます。それは、スタッフ自身が好きではない商品ほど「コーディネイトのアクセントになるブレスレットです。個性的過ぎるので好き嫌いがはっきり分かれるでしょうけど」と、デメリットが後についてしまうことです。

お店にある商品をすべて好きになることは難しいかもしれません。だからこそ、好きではない商品ほどデメリットを先に伝えて、メリットで締めるということを意識していきましょう。

09

「参考までに」「せっかくなので」は万能フレーズ

自然な流れで会話の主導権を握って商品説明に入ろう

言いたいことが切り出せない……

お話好きなお客様は、雑談をするのが大好きです。特に、お客様とスタッフとの間に共通点があったりすると、その話で盛り上がります。

お客様と楽しく話をすることは非常に重要ですが、「商品の話を切り出せない……」と困ることはないでしょうか？

例えば化粧品を扱っているお店で、ファンデーションを見ているお客様に化粧水も紹介したい。乳液もあったほうが肌質がよくなるので、よりファンデーションが映えるようになるんだけど……。

そんな思いはあるものの、接客をしていると「押し売りに感じられたくないので、切り出せない」という場面も多いはずです。

万能フレーズを活用しよう

そこで、こちらが話したいことを切り出せるフレーズをご紹介します。それは「参考までに」と「せっかくなので」です。

鏡の前でジャケットを羽織ってみるお客様に「参考までに、こういった感じのパンツを合わせると、おしゃれ度が上がりますよね」とすすめてみたり、雑談で盛り上がっているときに「せっかくなので、こちらをご覧になってみてください」と、“せっかくお越しくださったのだからこそ”というメッセージを込めて切り出してみましょう。

そうすると力むことなく、自然に切り出せるようになります。それまでの会話を断ちきったり、商品を押しつけたりする印象を与えないので、お客様もスムーズに、話に乗ってきてくれるはずです。

雑談を商品の説明に切り替える万能フレーズ

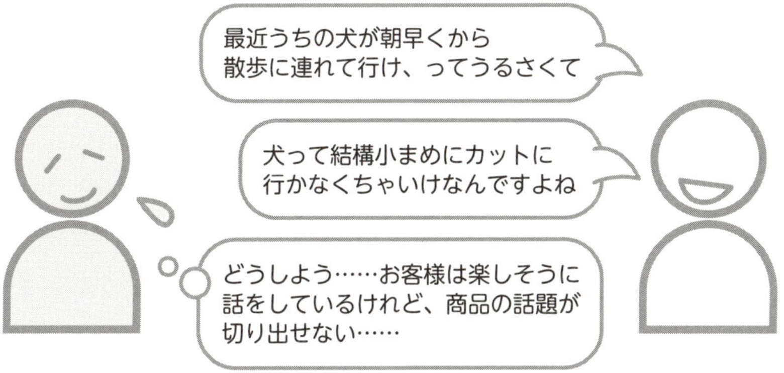
最近うちの犬が朝早くから
散歩に連れて行け、ってうるさくて
犬って結構小まめにカットに
行かなくちゃいけなんですよね
どうしよう……お客様は楽しそうに
話をしているけれど、商品の話題が
切り出せない……

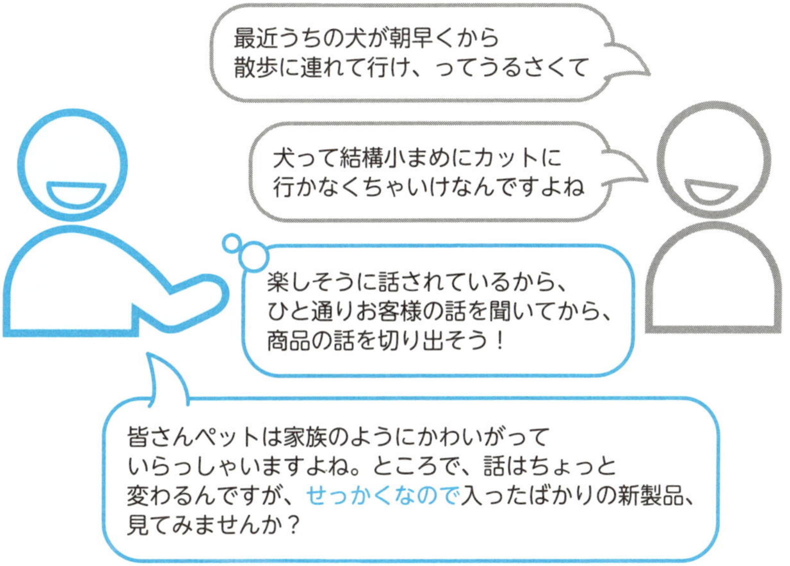
最近うちの犬が朝早くから
散歩に連れて行け、ってうるさくて
犬って結構小まめにカットに
行かなくちゃいけなんですよね
楽しそうに話されているから、
ひと通りお客様の話を聞いてから、
商品の話を切り出そう！
皆さんペットは家族のようにかわいがって
いらっしゃいますよね。ところで、話はちょっと
変わるんですが、せっかくなので入ったばかりの新製品、
見てみませんか？

CHECK

スタッフの会話の切り出し方に着目して、いろいろなお店をまわり、真似したいフレーズを見つけよう

10

商品知識をシーンで伝えよう

商品の情報だけを伝えても、お客様には響かない

お客様の気持ちが動くのはどんなとき？

例えば、洗濯機を例に考えてみましょう。「８kg入る大きめの容量」「24時間タイマーつき」という点が、この洗濯機の代表的な機能だったとします。

お客様は８kgの容量にひかれるのでしょうか？　24時間タイマーを便利だと思うでしょうか？

実は多くのお客様は、機能だけを伝えてもピンとはきません。「４人家族の洗濯物が一度に洗濯できるな」「22時にセットしたら、翌日の６時に洗濯が終わるので、朝一で干せるな」と、「その機能がどんなシーンで役立つか」を想像できたときに“便利だな”と感じて、「ほしい」という気持ちが高まります。

シーンをイメージさせよう

だからこそ、お客様にシーンを想像してもらうことが必要なのです。

どうしても「この洗濯機は８kgの容量です」「タイマーもついています」と機能だけを伝えてしまいがちですが、大切なことは「その機能があることで、お客様がどんな未来を得られるか」ということです。

「２回、３回と分けて洗濯するのって面倒ですよね。８kgの容量があるので、４人家族なら２～３日分の洗濯が一度ですむようになって、楽になるはずですよ」と、商品を使ったときの状況をお客様に想像してもらうことで、お客様は商品のある生活をイメージすることができ、気持ちが動きます。

シーンをイメージさせるトーク

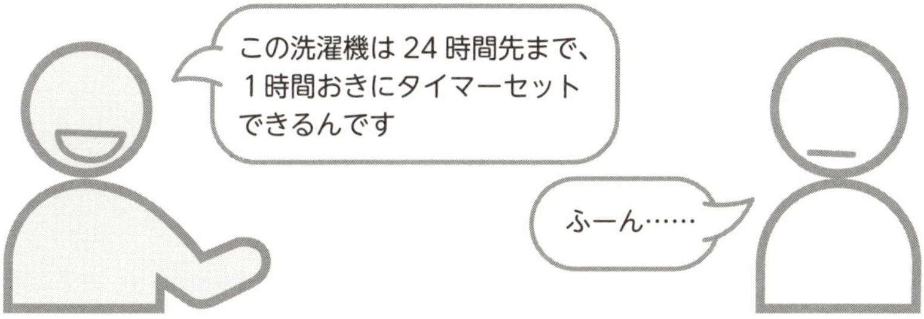
この洗濯機は 24 時間先まで、
1時間おきにタイマーセット
できるんです
ふーん……

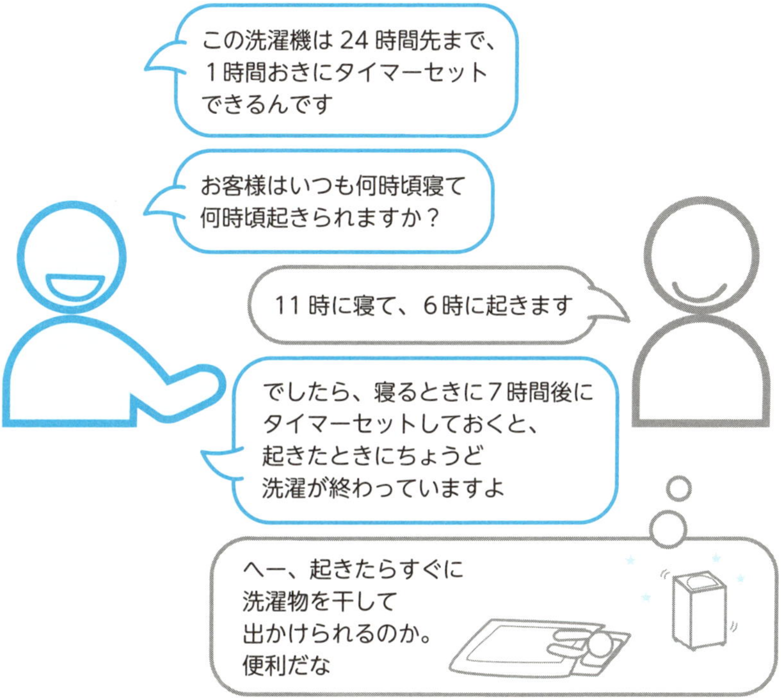
この洗濯機は 24 時間先まで、
1時間おきにタイマーセット
できるんです
お客様はいつも何時頃寝て
何時頃起きられますか？
11 時に寝て、6 時に起きます
でしたら、寝るときに7時間後に
タイマーセットしておくと、
起きたときにちょうど
洗濯が終わっていますよ
へー、起きたらすぐに
洗濯物を干して
出かけられるのか。
便利だな

CHECK **あなたのお店の商品を通して、お客様にどんな未来を与えられるか、考えてみよう**

Column 5

接客情報の共有で「プラス1点」のお買い上げに

20代向けの洋服店で、スタッフたちがちょっと変わった商品知識のつけ方をして、売上を伸ばしたお店があります。

どのような取り組みをしたかというと、お客様が目を留めている商品の傾向をスタッフ間で共有することで、ひとりのお客様に複数点の商品をお買い上げいただくことができるようになったのです。

例えば、Aという商品を見ていたお客様が、次にどんな商品に目を留めていたり、触っていたりするのだろう？　と観察する。

他にもBという商品を購入したお客様は、Bに合わせて他にどんな商品をお買い上げくださったのだろう？　と記録に残しておく。

そして、朝礼やノートを使って共有をする。

そうすることで接客時に、「こちらをご覧になっていたお客様はあちらの商品も見ていましたよ」とか、「先日のお客様は、そちらにこの商品を合わせると『すごくいい！』と喜んでいらっしゃいました」と、さりげなくプラス1点、商品をすすめることができるようになったのです。

1点1点の商品知識を学ぶというのではなく、お客様が目に留めた商品をグループ化して頭に入れるという方法です。

この取り組みのよいところは、チームで取り組めることです。ひとりで接客できる人数には限りがあります。スタッフひとりが1日に接客するのは6人だとします。しかし、スタッフ4人分の情報を共有することができれば、お客様数6人×スタッフ数4人＝24人分の観察結果を知ることができるのです。

朝礼やノートは、「明日、○○の検品お願いします」「明日、コートをお取り置きされていた□□様が引き取りにいらっしゃるそうです」といった感じで、業務連絡をメインに使っていることが多いはずです。

しかし、観察したことについても共有する習慣をつけるだけで、難しいことをしなくても、お店のスタッフ全体の接客力がアップしていきます。

見落としがち！
お店の雰囲気づくり

Part 6

01 「いらっしゃいませ」の言い方でお店の雰囲気を伝えよう

言い方ひとつで、スピード感やお店の雰囲気を演出できる

あなたのお店に合った「いらっしゃいませ」を

仕事でお店をまわっていると「いらっしゃいませ」の正しい言い方を聞かれることがあります。何が正しい、間違っているというのではなく、各店に合った言い方があるのだと思います。

特にスピードと語尾で、お店の雰囲気の伝わり方が変わります。

スピードで店内の時間の流れ方を伝えよう

例えば、ラーメン店と高級ブランド店では明らかにお店の雰囲気が異なります。ここで、まずは店内の時間の流れ方に注目してみましょう。

料理が出てきたら、さっと食べてぱっと帰る方が多いラーメン店は「スピーディー」な時間の流れ方、１つひとつの商品をじっくりと選んで、スタッフとの会話も楽しむ高級ブランド店は「ゆったり」とした時間の流れ方ではないでしょうか。

「いらっしゃいませ」も、お店の時間の流れに合わせたテンポで言うことで、自店の雰囲気を伝えることができます。

語尾で価格感を伝えよう

最近は語尾をかなり伸ばして「いらっしゃいませー」と言っているお店が多く、お客様も語尾を伸ばした挨拶を聞き慣れています。

あなたのお店が、手頃な価格の商品を扱っている場合、語尾を少し伸ばした聞き慣れた挨拶をすることで、身近な印象を出せるでしょう。

逆に高額な商品を扱っている場合は、語尾を切ってメリハリをつけることで、非日常的なお店の雰囲気がより伝わるはずです。

お店のイメージに合わせた挨拶

ラーメン店

いらっしゃいませー

スピード …… 速め
音程 ………… 高め
言い方 ……… 語尾を伸ばし気味

〈印象〉

- スピーディー
- テキパキ
- 安価

高級ブランド店

いらっしゃいませ

スピード …… ゆっくり
音程 ………… 低め
言い方 ……… 語尾は伸ばさない

〈印象〉

- ゆったり
- 落ち着いている
- 高級

ワンポイント

語尾を伸ばす際には、伸ばし過ぎに気をつけましょう。ときどき、「いらっしゃいませ〜〜〜〜」と伸ばしている部分の方が長く、何を言っているのかわかりにくい方もいらっしゃいます。

また、語尾を切る際には「いらっしゃいませっ」と最後に小さな「っ」を入れるイメージで言うと、語尾が伸びるのを防ぐことができます。

02 お客様は他のスタッフへの態度を見ている

店頭にいるときは、常に「オン」の状態でいよう

店頭で「表の顔」「裏の顔」は通用しない

あるお店に買い物に行った際、対応してくれたスタッフの方は丁寧な敬語とすてきな笑顔で、とても気持ちよく接客してくれました。

途中で、他のスタッフが私を接客しているスタッフに聞きたいことがあったらしく、小声で話しかけたのです。

次の瞬間、ビックリしました。柔らかい雰囲気で接客してくれていたスタッフが、話しかけてきたスタッフのほうを振り向き「は？　見てわかんなかったの？　適当でよくない？」と、かなり冷たい口調で言ったのです。

その後、こちらに向き直ったときにはまた、満面の笑みで私を接客してくれたのですが、残念ながらよい接客を受けたという気持ちにはなれませんでした。

お客様にとっては、全員「お店の人」

私が以前勤めていたお店には「スタッフ同士も敬語で話す」というルールがありました。当時は理由もわからず、あまり納得せずに「同期だったら、友達感覚の話し方でもいいのでは？」と思っていました。

しかし、お客様の立場で見ると、誰が上司か、誰が社員か、誰がアルバイトかなんて、まったくわかりません。たとえ職場でどんなに仲のよい人がいても、お客様はそれを知りません。

だから、スタッフ同士があまりに砕けた話し方をしていると、違和感やギャップを与えてしまう可能性があるのです。

スタッフ同士のやり取りも見られている

検品しておいてって言ったの、
ちゃんとやった？
もうすぐ私休憩だからさ、
その前に終わらせといてよ
……
あ、はい

ありがとうございます！
お会計●●円です
その辺に
置いとけばいいよ！
はい
なんか感じ
悪いなあ……

CHECK

店頭にいる限り、いつでも見られている。
だからこそ、お客様に対してだけでなく、スタッフ同士も気持ちよく話をしよう

03

外から見える場所で作業をする

スタッフが見えないお店には入りにくい

作業の場所を見直そう

店頭で働くほとんどの方が、行なわなくてはいけない事務作業をお客様のいない時間にしていることでしょう。でも、その作業中の店頭は、お客様にとって入りにくい場所にはなっていないでしょうか？

あなたは外から見た際に、店員がいるのか、もしくはいたとしてもどこにいるのかわからないお店に入ろうという気持ちになるでしょうか？　ほとんどの方が「入りにくい」と感じるはずです。

レジカウンターの内側にいたり、姿勢を低くして作業をしていたりと、店員が見えず、留守に見えるお店には足を踏み入れにくいものです。

どこまでが見える位置なのかを確認しよう

事務作業は大切な業務ですし、それを手が空いた時間にすることは悪いことではありません。でも、お客様から見える位置で行なったほうがお客様はお店に入りやすいのです。

一度、外に出てお店を見てみましょう。百貨店やショッピングセンター内の店舗ならば、お客様が歩く通路に出て、お店を見てみましょう。そして、どこで作業をすればお客様から見えるのかを確認してください。

少し位置を変えるだけで、誰かがいるという安心感につながり、お客様は入りやすくなります。また、Part 2の11で述べたように、「入りやすいお店」にするには、お店の空気が動いていることが重要です。事務作業だけに没頭せず、動的待機と組み合わせて行ないましょう。

スタッフが働いている姿がお客様を呼び込む

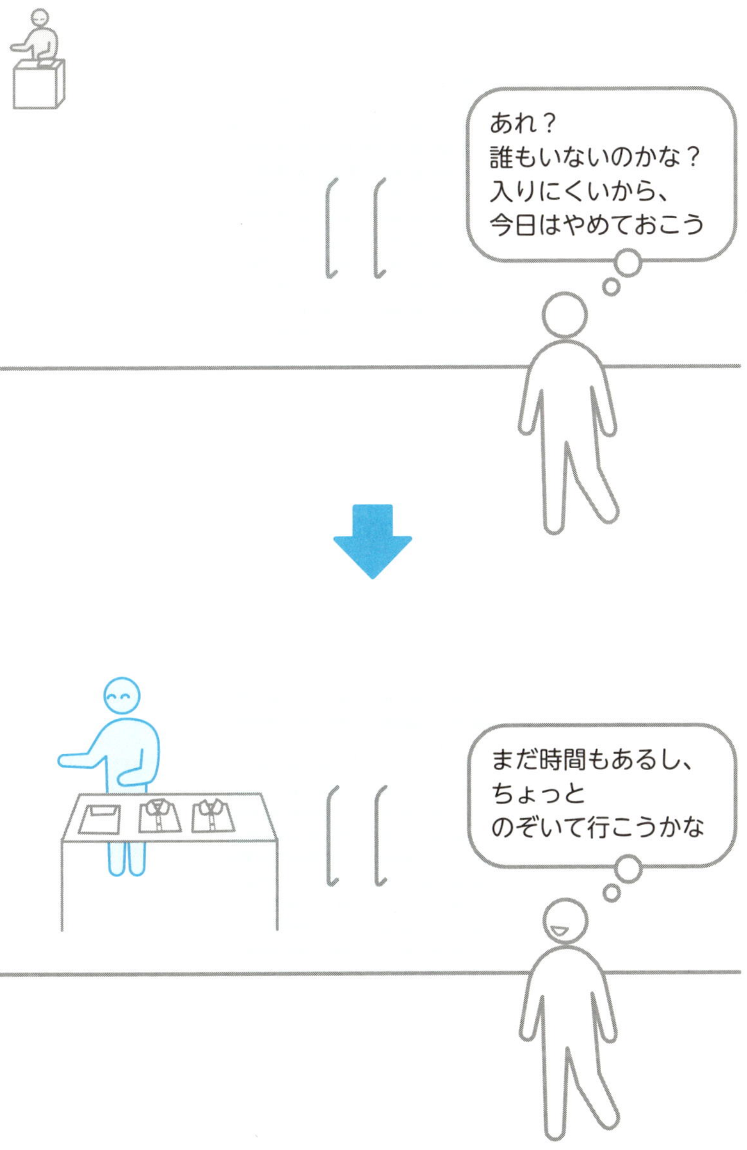
あれ？
誰もいないのかな？
入りにくいから、
今日はやめておこう
まだ時間もあるし、
ちょっと
のぞいて行こうかな

04

手が空いたときにやることリストをつくる

居心地のよい空間をつくり出すための時間にしよう

お店の雰囲気づくりも接客のうち！

旅館に行って、スタッフの方たちがとても気持ちのよい挨拶をしてくれても、通された部屋がタバコ臭い、天井にクモの巣が張っている。そんな状態だと、ガッカリしてしまいませんか？

このように、言葉遣いや態度など、ソフト面の接客がよければすべてよいのかというと、そうではありません。店内の清潔さや品揃えなどのハード面における「お店の雰囲気づくり」もまた、重要です。

お客様に居心地よく買い物をしていただくためには、お客様を取り巻く空間や、目に入る光景にも気を配らなくてはいけませんし、お客様が「また来たい」と思ってくれるような取り組みもしなくてはいけません。

店頭が忙しくない時間帯を活用して、これらの取り組みをしましょう。

手が空いた時間の使い方が大きく差をつける

手が空いた時間にできることは、店頭の清掃やバックヤードの整理だけではありません。それ以外にも例えば、在庫確認をして人気商品が売り切れだった場合に「代わりの商品をどのようにご紹介したらよいか考える」など、忙しい時間帯にはできない考え事もできます。

また、２名以上スタッフがいる場合には、交代で近隣の店を見に行き、いい接客ややってはいけないと感じる接客を見つけてきて、自身を振り返ったり、チームで共有することもできます。

あらかじめ「手が空いたときにやることリスト」をつくっておくと、いざというときすぐに行動に移すことができるでしょう。

手が空いた時間にできることリスト

項目	日付
清掃	
バックヤードの整理	
在庫確認	
陳列された商品を整える	
より魅力的な陳列になるよう、 商品の並べ方を変更する	
お買い上げくださったお客様への ＤＭ作成	
２名以上スタッフがいる場合には 他店舗調査	
２名以上スタッフがいる場合には お客様役とスタッフ役に分かれて接客の練習 （ロールプレイング）	

05

掃除の最終確認は「お客様目線」で

自分の掃除を客観的に見てみよう

「やっているつもり」になっていませんか？

数多くのお店を見ていて残念に思うことのひとつに、清掃が行き届いていないということがあります。せっかく植物を飾っているのに葉が枯れて落ちてしまっている、とか、イスに座った際に目に入る窓が汚れている、などです。

スタッフが感じよく接客してくれたとしても、汚れが気になってしまうというお客様もいらっしゃるはずです。

おそらくどのお店も、毎日のように清掃をしているでしょう。

顔についたゴミに自分ではなかなか気づけないけれど、話している相手からはよく見えるのと同じです。清掃も、自分ではしっかりやっているつもりでも、お客様が気づいてしまう、そんな見落としてしまう部分が意外とあるものです。

清掃後、最終チェックの習慣を！

そこでおすすめしたいのが、清掃後に最終チェックを行なうことです。「とりあえず清掃して終わり」というのではなく、仕上げにチェックを行なってほしいのです。

チェックの際のポイントは、お客様の目線で確認をすることです。

裏口ではなくお客様が入る入口から入ってみて立ち止まり、店内を見てみる。イスがあるなら、イスに座って上下・左右を見回してみる。

そうすることで、お客様と同じ光景が目に飛び込んでくるため、お客様の目線で気になる汚れやゴミ、乱れなどに気づけるはずです。

お客様になったつもりでチェック！

入口の高さからだと
意外と棚の上ってよく見えるんだな。
少しほこりがあるからもう一度拭こう

座って見てみると、
メニュー表が汚れてるな

ワンポイント

ファーストフード店でアルバイトをしていた頃、サービス担当のマネージャーだった私は、社員の方に「ちょっとここの席に座って、あちらの台を見てごらん。どうかな？」と、毎日のように実際にお客様の目線に立って、店内を見てみるということを促されました。

最初はなかなか気づけなかったのですが、10 回、20 回と行なっていくうちに汚れに気づけるようになっていきました。今日やってみたからといって、すぐに気づけるようにはならないかもしれません。しかし、それでやめてしまわずに、ぜひ続けていっていただきたいと思います。

06

バックヤードは 整理整頓＋使う頻度

接客のスピードを上げるために、見えないところを片づけよう

スピードもサービス

私が販売員だった頃、バックヤードで会計と包装をしていたら、他のスタッフが「お客様がまだなのか！　って怒っていらっしゃるよ」と慌てて駆け込んできました。

急いで店頭に戻ると、お客様から「どんなに感じよくたって、遅かったら意味ないんだよ！」と厳しいひと言をいただきました。

そこから学んだことは、スピードもサービスのひとつだということです。待たせる側は、やることがあるので時間の経過がそれほど気にならないのですが、待つ側にはとてつもなく長く感じる時間だったりします。

お客様に不満足な思いをさせないためにも、できる限り待たせる時間を短くする努力をしなくてはいけません。

バックヤードで変わる

お客様を待たせる時間を減らすためにできる取り組みのひとつが、意外と見落とされがちなバックヤードの整理整頓です。

「はさみはどこ？」「この大きさの紙袋がない！」といちいち探すような状況では、お客様を余計にお待たせしてしまうのは明らかです。

整理整頓の際、接客のスピードアップのために意識したいのが、備品の「使う頻度」です。例えば、テープを使う頻度が高いのであれば、テープは手を伸ばさなくても届く場所に置いたほうがいいでしょう。

なかなか使う頻度がないのにもかかわらず、近くに置いてあるものがあれば、それを奥に移動することで、使用頻度の高いものを置くスペースもできます。

バックヤードの整理整頓

バックヤードのテーブルは、
仕事がしやすいように
いつもきれいに
雨袋は、
雨が降ったときだけだから
少し遠いところでもいいかな
リボンはいつも
ラッピングで使うから、
手に取りやすいところに
置こう

CHECK

バックヤードは使う頻度を意識して整理整頓をしよう

Column 6

なくせない作業は、スピードアップで接客の時間を生み出す

「接客もしたい。いいお店づくりもしたい。お客様が入りやすいように動的待機もしたい。でも！　作業が多いんです‼」

店舗をまわっているとほとんどのスタッフから、作業が多すぎて何もできないということを聞きます。

あれも、これもと作業が山積みだと、それで頭がいっぱいになってしまい、他のことに気持ちを向けられなくなってしまいますよね。

お客様がいらっしゃったら挨拶をする。そんなことはわかっているけれど、作業に追われて余裕がなくなってしまい、それすらできない……そんな光景をよく見かけます。

そんな方にぜひ取り入れていただきたい２つのことがあります。

まずは、今取り組んでいる作業にどれくらいの時間がかかるのか、測ることです。私は「たったこれだけの内容なのに、こんなにかかっているの？」と、自分の仕事の遅さにびっくりしたことがあります。

でも、作業が遅いわけではなく、途中で私語をしたり、ボーッとしたりと、無駄なことをたくさんしてしまっているんですよね。

「忙しい、忙しい」と言っている割には、実はダラダラと作業に取り組んでいることに気づくものです。

作業にかかる時間がわかったら、次は目標時間を決めることです。多くの方が「この作業を行なう」ということしか掲げていません。そうではなく、「いつ、何分で行なうか」を朝一で決めておくのです。

何分で行なうかを決めることでゲーム感覚で取り組めますし、時間を意識しながら作業に取り組む習慣も身につきます。

作業をなくすことはできないのですから、よりスピーディーに作業をして、いかに接客の時間を長くつくれるかに注力しましょう。

接客できる時間をつくることができれば、接客数が増えます。そうすれば売上もついてきます。その環境づくりもスタッフの大切な役割なのです。

売場での「困った」に対処する

Part 7

01 お店のルールを確認しよう

「困った」は、事前の確認で減らせる！

場数を踏むしかないのか？

店頭に立っていると、自分では答えられないような質問をされてしまった、クレームを受けてしまったなど、戸惑ってしまうことがあるはずです。まだお店に立ち始めて数週間、数か月という人であれば、より「困った」と感じる場面に出会う回数は多いでしょう。

では、「困った」に対処するためには、戸惑う回数を重ねるしか方法はないのでしょうか？　もちろん、回数を重ねることで学べることもたくさんあります。しかし、それでは接客の仕事がつらくなってしまうかもしれませんし、スムーズに対応してもらえないのは、お客様にとってもうれしいことではありません。

「こんなときどうする？」を改めて確認

そこで、ぜひ取り組んでいただきたいのが、改めてお店のルールを確認しておくことです。事情によって、ルール通りにはならないことも確かにあります。でも、基本のルールを押さえておくことができれば、接客する上でとても心強いものです。

店内ルールがまとめてマニュアルになっている場合はすべてに一度しっかり目を通し（蛍光ペンなどでラインを引きながら読むと頭に入りやすくなります）、そういったものがない場合は店長や先輩に確認をしておきましょう。

「こんなときはどうする？」ということが頭に入っていると、戸惑う回数も減るため、お客様を不安な気持ちにさせてしまうことも少なくなるはずです。

いざというときに戸惑わないためのルール確認

自店のルールを確認しよう

- 返品や交換は何日以内であればできるか？
- 返品や交換を受けられる条件は？
- 規定の日数内でも返品や交換を受けられない条件は？
- 商品の不良を言われた場合、どう対応したらよいのか？
- 他に困ったことがあった際にはどうすればよいか？

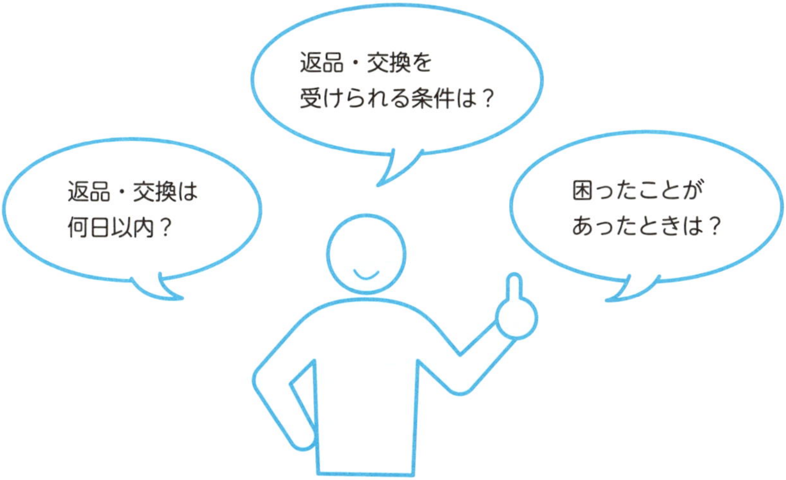

返品・交換は
何日以内？
返品・交換を
受けられる条件は？
困ったことが
あったときは？

ワンポイント

　お店をまわっていると、「教えてもらっていないからできない」「わからない」という言葉を聞くことが多いです。確かに教えてもらっていないとできないですよね。しかし、先輩たちも、忙しい中で時間を割いて教えてくれています。だからこそ、自発的にできそうなことは調べてみましょう。

　自店のルールをマニュアルなどで確認したり、こんなときはどうしたらいいのだろう？　とまとめて聞くようにすることもポイントです。そうすることで、先輩の負担も軽減されますし、何よりそのように取り組むあなたに対しての信頼度がアップし、あなた自身が仕事を進めやすくなるはずです。

02

自分で判断せずに店長に相談する

こまめな相談が信頼につながる

慣れてきたときこそ、危険信号

「困った」の対応も、接客の回数を重ねると慣れてくるものです。そうすると「この場合は返品の対応だな」「この状態だと、交換は難しいな」と、どうすればよいかがわかってきます。これは、あなたが予想できるだけの対応数を重ねてきた証拠でもあります。

しかし、ここがより気をつけるポイントです。「この場合は、交換をお断りすればいいんだな」と思い、自分だけの判断で対応してしまうケースが増えてくる時期でもあるからです。この判断を誤り、お客様の怒りを呼んでしまうことも残念ながら少なくありません。

こんなときは一度相談してみよう

「困った」に遭遇したときは、自店のルールを思い出しながら、店長もしくはその時間帯の責任者の方に「この場合は、●●の対応でよろしいでしょうか？」と必ず確認を取るようにしましょう。

そして自分の対応の仕方に自信が湧き、「もう毎回聞かなくても大丈夫だろう」と思うようになったときは、「この場合は、こういう対応で、今後は私が判断してもよいでしょうか？　それとも、念のためにそのつど確認したほうがよろしいでしょうか？」と、店長に聞いてみましょう。

こまめに相談をすることで、店長は「○○さん（あなた）は何かあったら、必ず相談してくれるから安心」とあなたを信頼してくれるようになるでしょうし、それがお客様に不満感を与えない対応にもつながっていくはずです。

自信がついてきたときこそ、店長に相談を

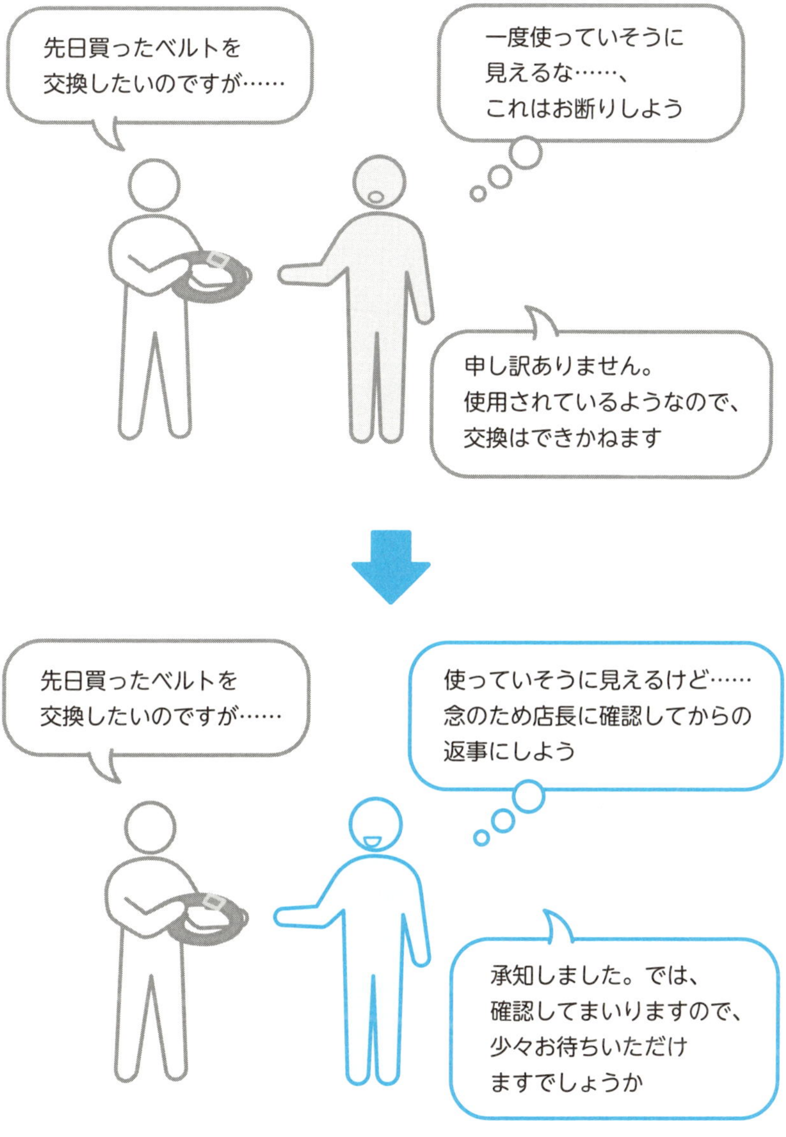
先日買ったベルトを交換したいのですが……
一度使っていそうに見えるな……、これはお断りしよう
申し訳ありません。使用されているようなので、交換はできかねます
先日買ったベルトを交換したいのですが……
使っていそうに見えるけど……念のため店長に確認してからの返事にしよう
承知しました。では、確認してまいりますので、少々お待ちいただけますでしょうか

03

答えられない質問はあっても、対応できない質問はない

即答できない質問には素直に「わからない」と言おう

知らないことを聞かれてしまったら？

店頭に立っていて困ることのひとつに、「商品について自分ではわからない質問をされてしまう」ということが挙げられます。私は特に商品知識を覚えることが苦手だったので、恥ずかしいことに最初の数か月はお客様からの質問は答えられないものばかりでした。

「○○の素材と△△の素材は何が違うのか？」「在庫切れの商品はいつ入荷するのか？」「お手入れ方法は？」「これには□□という材料は使われているのか？」など、最初の頃はすぐに答えられる質問のほうが少なかったほどです。

対応できない質問はない

答えられない質問をされると、「申し訳ありません。わかりかねます」と謝るか、笑ってごまかす、というような対応をしたくなってしまいますが、そうすると一気にお客様からの信頼度は下がってしまいます。

そんなときは、「申し訳ありません。ただ今、調べてきますので１～２分お待ちいただけますでしょうか？」と、「わからない」ということを素直に伝えて、他のスタッフなどに確認をしに行きましょう。

もし、お客様が急いでいるようであれば、「差し支えなければ、ご連絡先を教えていただけましたら、調べ次第ご連絡差し上げますが、いかがいたしましょうか？」と、後からお伝えすることもご提案できます。

お客様の知りたいことを調べてお伝えする、それも接客においての大切な取り組みです。

お客様からの質問に答えることも大切な接客

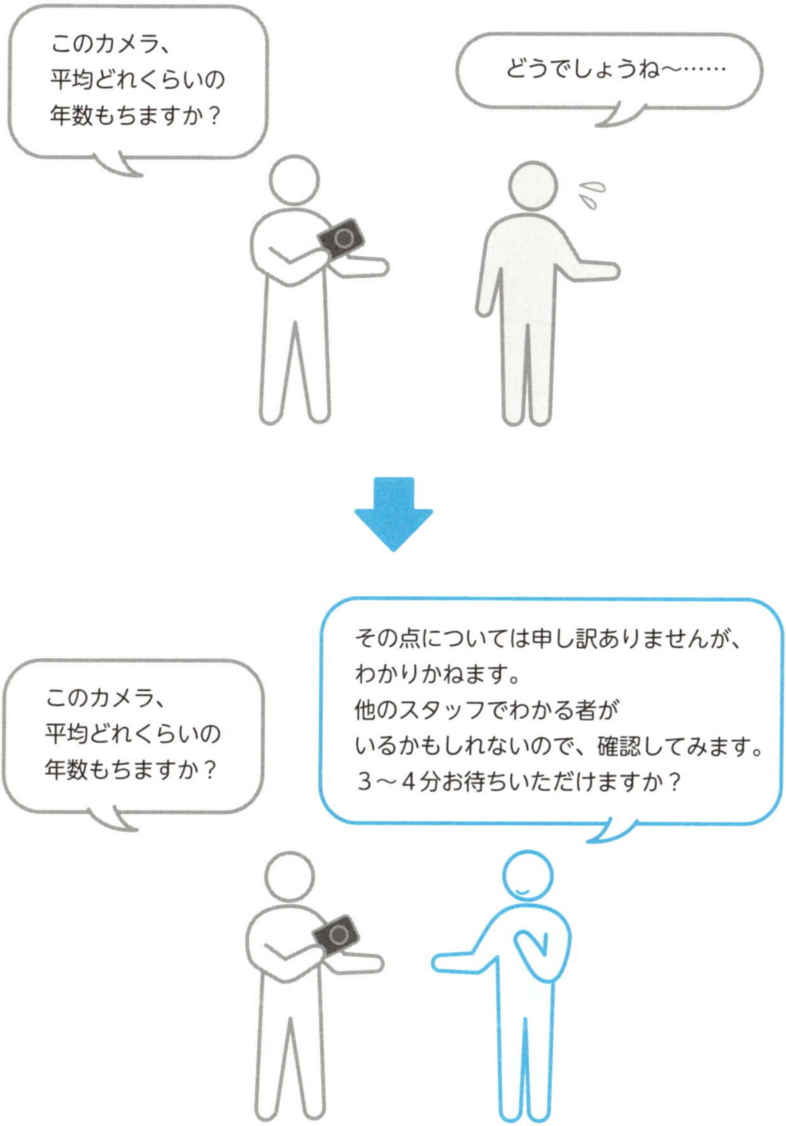

このカメラ、
平均どれくらいの
年数もちますか？
どうでしょうね～……
このカメラ、
平均どれくらいの
年数もちますか？
その点については申し訳ありませんが、
わかりかねます。
他のスタッフでわかる者が
いるかもしれないので、確認してみます。
3～4分お待ちいただけますか？

04
値引き交渉の対応ポイント

きっちりと対応するための土台づくりが重要

「安くしてくれるなら買おうかな」には

接客をしていると、「安くしてくれるの？」とか「安くしてくれるなら買おうかな」「いつも買っているから、たまには安くしてよ」と、値引きを求めるお客様に遭遇することもあるのではないでしょうか。

値引きに関しては、基本的にはお店の方針に沿っていただきたいと思いますが、個人的には値引きに応じてしまうのは避けたほうがよいと考えます。なぜなら、一度値引き価格でお買い上げくださったお客様は、値引きがないと買ってくださらなくなるからです。

値引きしてもらうことが普通になってしまうので、通常の価格だと損をした気になるのです。そうなると、どんどん値引きをしなくてはいけなくなってしまい、よかれと思って始めた値引きが、将来的にお店を苦しめるお客様をつくることになってしまう可能性が高くなります。

どのように対応すればよいか？

実際に値引きの要望があったときには、どうすればいいでしょう？
私は「この商品に興味を持ってくださり、ありがとうございます。ただ、あいにく当店ではすべてのお客様にこちらの価格でお買い上げいただいております」と、お伝えしていました。

そう言いきるためにも、もちろん、お客様との会話は楽しく、満足してもらえるように意識し、商品のよさが伝わるよう言葉を大切にしていました。

最後の最後までお客様との時間がよりよいものになるように努めるという土台づくりは、忘れてはいけないポイントです。

値引きの要望があったら

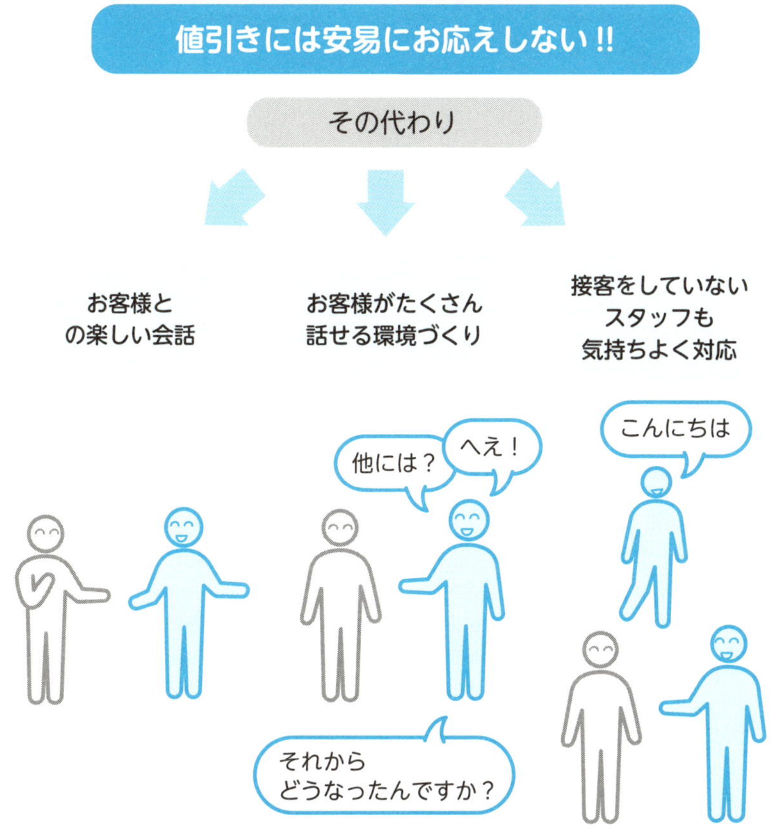

値引きには安易にお応えしない!!
その代わり
お客様との楽しい会話
お客様がたくさん話せる環境づくり
接客をしていないスタッフも気持ちよく対応
他には?
へえ!
それからどうなったんですか?
こんにちは

……など居心地よく過ごしてもらう土台づくりは欠かさない!

ワンポイント

値引きを求められたときに戸惑っていると、お客様は「値引きしてくれるのかも」と期待をしてしまいます。その後に値引きができない旨を伝えると「なんだ、できないのか」と期待が高まっていた分、余計に残念に感じてしまうものです。

値引きができないことはまったく悪いことではないので、堂々と伝えましょう。また、お客様も本心ではなく、とりあえず言ってみようという程度の方が多いことも頭に置いておくと気持ちが楽になります。

05 お客様からクレームが来たら

「感情」にスポットを当てよう

まず、どうすればよい？

お客様からのクレームは、店頭スタッフが恐れていることのひとつではないでしょうか。以前は「とにかく謝る」というのが鉄則でした。しかし、最近は残念ながら度が過ぎたクレームも増え、「むやみに謝らないように」と指導しているお店も多いようです。お客様の都合で怒っているのかもしれないのに、謝ることでこちらの非を認めることになってしまうと考えられているようです。

しかし、その風潮のせいで「謝る気持ちが感じられない！」とさらなるクレームを引き起こしてしまうことも少なくありません。

「お客様が不快な思いをした」ことに対して謝ろう

あくまで私の考えですが、どんな理由であれ、お客様が不快な思いをしたり、お客様を怒らせてしまったのであれば、やはり謝ったほうがいいと思うのです。その際の謝り方を少し変えることで、変な誤解は生まれないはずです。

どう変えるのかというと、「申し訳ありません」とただ謝るのではなく、「不快な思いをさせてしまい、申し訳ありません」「楽しみにしてくださっていたのに、申し訳ありません」と、お客様の感情にスポットを当てて謝るのです。

そうすれば、商品の不良や店側の不手際を簡単に認めた、と感じられることは避けられるでしょうし、お客様が不快な思いをしたことに対して謝罪の気持ちを伝えることができます。

まずはお客様を残念な気持ちにさせてしまったことを謝ろう

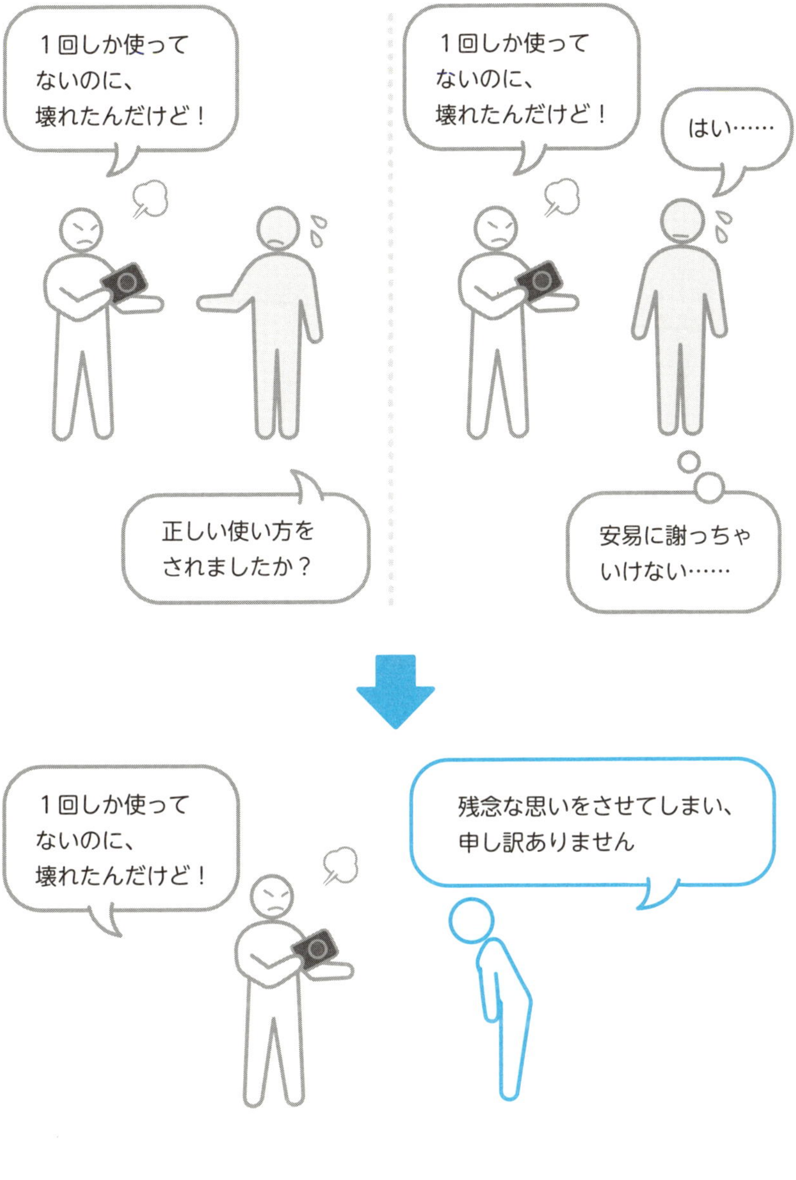

１回しか使ってないのに、壊れたんだけど！
正しい使い方をされましたか？
１回しか使ってないのに、壊れたんだけど！
はい……
安易に謝っちゃいけない……
１回しか使ってないのに、壊れたんだけど！
残念な思いをさせてしまい、申し訳ありません

06

クレームは共有して次に生かそう

クレームは、再発を防ぎ改善策を考えるための財産

クレームを共有する習慣をつけよう

クレームを受けたときを思い浮かべてみましょう。「焦って、戸惑いながらも店長に対応の仕方などを確認し、なんとか解決できてほっと安心して終了」という流れになってはいないでしょうか？　これではクレームの内容も、対応の仕方も、そのときのお客様の反応も、クレームを受けたスタッフのみが知っている情報となってしまいます。

例えば、「これ、壊れているよ！　使えない！」とクレームを言ってきたお客様がいらっしゃったとします。でも、よく話を聞くと使い方が間違っていただけで、改めて順を追って使い方をご説明して解決した。こういった事例はよくあります。

使い方がわからないお客様がいたということは、他のお客様でも同じ思いを持つ方もいるかもしれません。

ここで、他のスタッフにクレームの内容や対応の仕方が共有ができていると、同様のお客様が来たときに慌てることなく、スムーズに対応することができますし、販売する際に、より丁寧に使い方をお伝えしようという取り組みもできます。

クレームを受けるのは楽しいことではないですし、できるだけ早く忘れてしまいたいという気持ちが湧くのは仕方のないことだと思います。しかし、クレームは、同じことがまた起きないようにするためのお店の大切な財産です。

ぜひ、クレームをスタッフ全員が見られるノートに記録したり、朝礼時に共有する習慣をつけていきましょう。

クレームはスタッフ全員で共有しよう

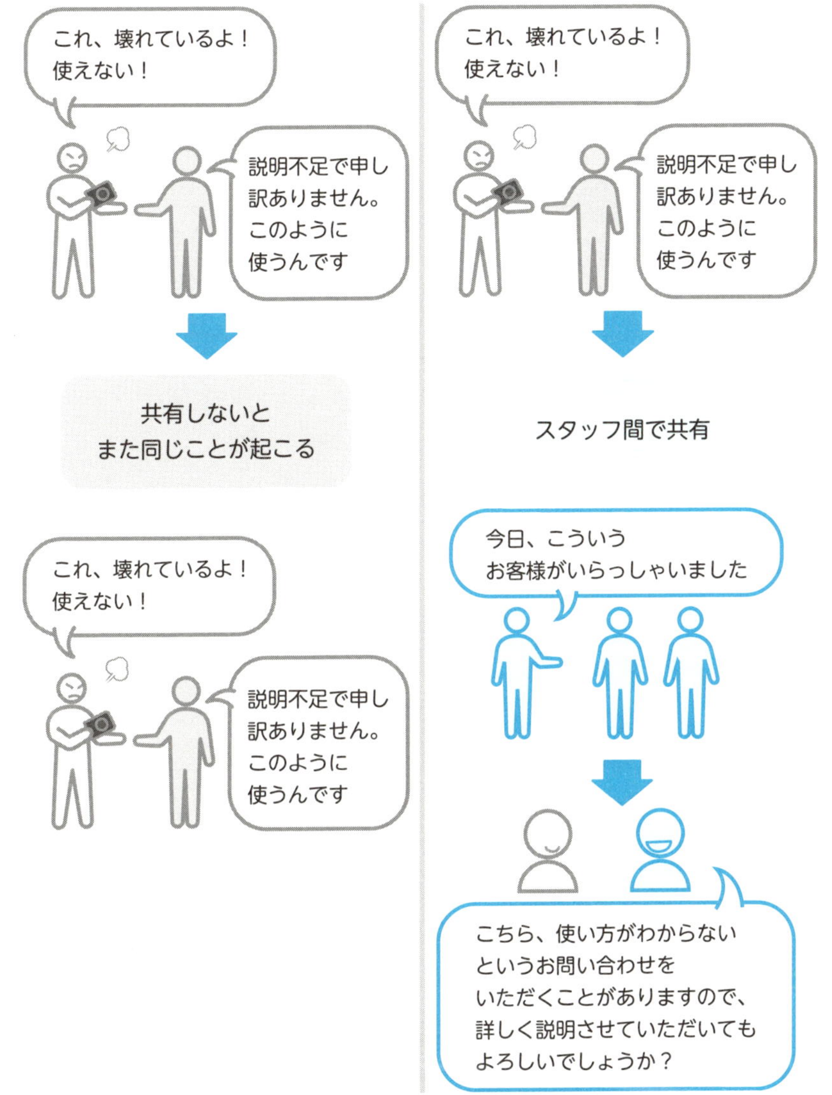

これ、壊れているよ！使えない！
説明不足で申し訳ありません。このように使うんです
共有しないとまた同じことが起こる
これ、壊れているよ！使えない！
説明不足で申し訳ありません。このように使うんです
これ、壊れているよ！使えない！
説明不足で申し訳ありません。このように使うんです
スタッフ間で共有
今日、こういうお客様がいらっしゃいました
こちら、使い方がわからないというお問い合わせをいただくことがありますので、詳しく説明させていただいてもよろしいでしょうか？

CHECK

クレームは、お客様がお店や商品にそれだけ期待してくれていたことの表われ！

07

個人情報をどこまで伝えるか

一定のラインを決めよう

増加しているメールでのやり取り

お客様との関係性を築くひとつの手段として、スタッフがプライベートで持っているメールアドレスをお伝えし、お客様と友達のようにやり取りをする、ということが増えてきました。来店のお礼や、新商品の情報など、こまめに、気軽に連絡が取りやすい点がいいようです。

しかし、私の知人の女性スタッフに、男性のお客様にメールアドレスを教えたところ、最初は気軽なメールのやり取りだったのが、そのうち内容が過激になり、ストーカーのように毎日100通近いメールが届いて怖い思いをした人がいます。

異性に限らず、いつでも連絡が取れるからと、夜中に頻繁に連絡が来るようになって対応に困ったという方の話も聞いたことがあります。

すぐに連絡先を教えない

どんなに気が合うお客様だったとしても、一度の接客でプライベートのメールアドレスを交換するのは避けたほうがよいでしょう。半年以上継続的にお店に立ち寄ってくださるお客様にのみ検討するなど、ある程度のラインを決めることを推奨します。

また、異性のお客様から「忙しいから、お互いの携帯でやり取りをしたい」など、理由をつけて個人の連絡先を聞かれることもあるでしょう。しかし、異性にはより慎重になり、「ご希望の時間帯にお店からご連絡できるよう努めますので、ご都合のよい時間帯を教えていただけますか？」と、やんわり断りましょう。お客様の個人情報だけでなく、あなたの個人情報の取り扱いにも、注意が必要なのです。

自分の個人情報も慎重に扱う

携帯でのやり取りの
ほうが助かるので、
電話番号を
教えてもらってもいいですか？
あ、はい。
090 -△△△△-□□□□です

携帯でのやり取りの
ほうが助かるので、
電話番号を
教えてもらってもいいですか？
ご希望のお時間に
お店から電話できるように
努めますので、
ご都合のよい曜日や時間を
教えていただけますか？

08 無愛想なお客様への接し方

話しかける前から諦めない

お客様は接客してほしくないの？

接客をしていて、どうしてよいかわからなくなることとして、無愛想なお客様への接し方を挙げる方は多いです。あなたも無口なお客様、無愛想なお客様に対して、苦手意識を持っていませんか？

大半のスタッフは、悩んだ末に「このお客様は接客をしてほしくない」と判断し、放っておくことが多いようです。

無口なお客様、無愛想なお客様は本当に「接客をされたくない」と思っているのでしょうか？

あなたがお客としてお店に行くときのことを思い出してみてください。きっとほとんどのお客様が無表情で入店するでしょうし、口数も少ないはずです。逆の立場に立ってみるとわかりますが、無愛想なお客様＝接客を拒否している、ということにはならないのです。

こちらが心を開いて接することが大切

お店に立っていると、どうしてもお客様の見た目や雰囲気で、買ってくれそうなお客様かどうかを判断したくなってしまいます。しかし、どんなお客様にも二度、三度笑顔で話しかけてみた上で、判断する癖をつけましょう。

「お客様は私の鏡」です。こちらが恐る恐る声をかければお客様も警戒しながら答えるでしょうし、こちらが自分の話を少ししてみるとお客様もご自身の話をしやすい気持ちになるものです。

ぜひ、まずはあなたから心を開いていきましょう。

無愛想なお客様＝接客の拒否ではない

なんか無愛想な感じの方だな……。
きっと接客されたくないに違いない。
そっとして声をかけないでおこう
こんにちは
無愛想な方だけど……
まずは声をかけてみよう！
こんにちは。
いらっしゃいませ

CHECK

恐る恐る様子を伺いながらではなく、こちらが心を開いて笑顔で明るく声をかけると、答えてくれるお客様は意外と多い！

09

「高いよね」と言われたときの対処法

いったん、「そうかもしれません」と受け止めよう

「高いよね」のひと言に撃沈

時間をかけて接客をしたにもかかわらず、最後の最後にお客様から「でも高いよね」のひと言を言われてしまうと、「あー、買ってくれないんだ」と判断して、「まぁ、そうですね……」と、苦笑いをして流してしまう……。「高い」と言われたら、どうしてよいかわからない。そんな相談をよくいただきます。

「高いよね」を克服するステップ

「高い」と言われたときに、「でも」とすぐに切り返すことは避けましょう。すぐに反論すると、お客様は「この店員さんは私の気持ちをわかってくれない」という気持ちを抱いてしまうかもしれません。

いったん「確かにそう感じられるかもしれません」と、受け止めることが大事なポイントです。

その上で、「その分、軽さにこだわるために特殊な加工を施しています」など、こだわりの点を伝えたり、「その分、使っている方が少ないので、他の方と差をつけられますよ」と、商品のよさを再度お伝えしましょう。

他には、例えば9000円の化粧水であれば「確かに高く感じますよね。でも、こちら１本で３か月もつので、１か月にすると3000円、１日にすると100円程度です。カフェでコーヒーを飲むよりもずっと安いお値段で美肌を保てると考えると、そう高くはないかと私は思います」と、価格を１か月あたりや、１日あたりといった小さな金額にして、再度お伝えして差し上げることも「高い」を乗り越える上で有効です。

「高いよね」と言われたら

このソファ、
座り心地も色もいいんだけど、
高いよねえ
まあ、そうですね……
でも高いだけの
ことはあります

苦笑い or すぐに否定

このソファ、
座り心地も色もいいんだけど、
高いよねえ
確かに、
高く感じられるかもしれません。
でも、その分……

受け止める＋よさを伝える

10 忙しいから、と「気づかないフリ」はダメ！

たったひと言でお客様は待ってくれる

見て見ぬフリをしていませんか？

土日やお盆、クリスマスや年末年始など、忙しくて手が回らない時期や時間帯がありますよね。飲食店などではランチの時間帯などもそうでしょう。そういうとき、あなたはどのように接客していますか？

たくさんのお店を見てきましたが、多くのお店のスタッフが「気づかないフリ」をしているように見受けられます。

お客様を接客中、隣にいる他のお客様も商品に興味を持っている雰囲気を感じるけれど、スタッフは全員手が離せないから、しばらくは気づいていないフリをしようという光景を本当によく見かけます。

確かに、忙しいときに全員のお客様を接客するのは難しいですし、声をかけたところで自分が接客できないのなら、声をかける意味がないかな、と思うのも無理はないかと思います。しかし、この混雑時の対応が売上に大きく影響してきます。声をかけなかったお客様は、よほどほしい商品でなければ、そのままお店を出て行ってしまうでしょう。

お客様が待ってくださるフレーズ

実はそのようなとき、ほとんどのお客様が接客が終わるのを待ってくださるひと言があります。それは、「次にお伺いいたします」というひと言です。この言葉をお伝えするだけで、ほとんどのお客様はあなたが接客を終わるのを静かに待ってくれます。

また、アパレルショップなどの場合は待っている間に他のお店を覗きに行くことはあっても、戻ってきてくれる確率はグッとアップします。忙しいときこそ、次のお客様への配慮も忘れないようにしましょう。

お客様への配慮のひと言

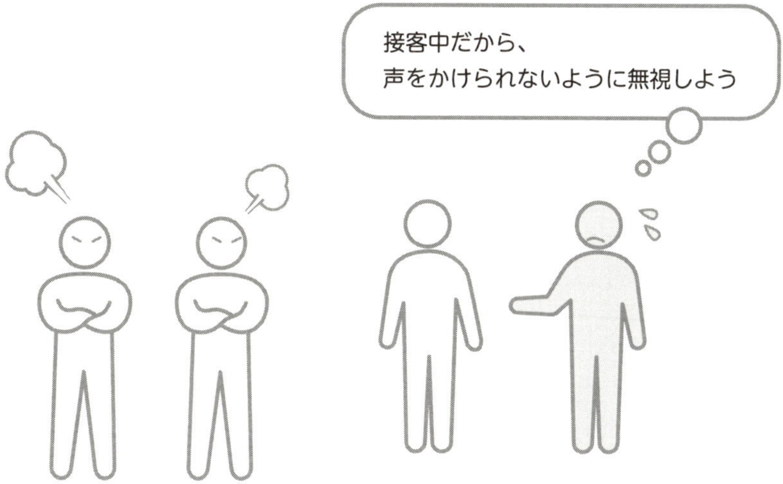
接客中だから、
声をかけられないように無視しよう

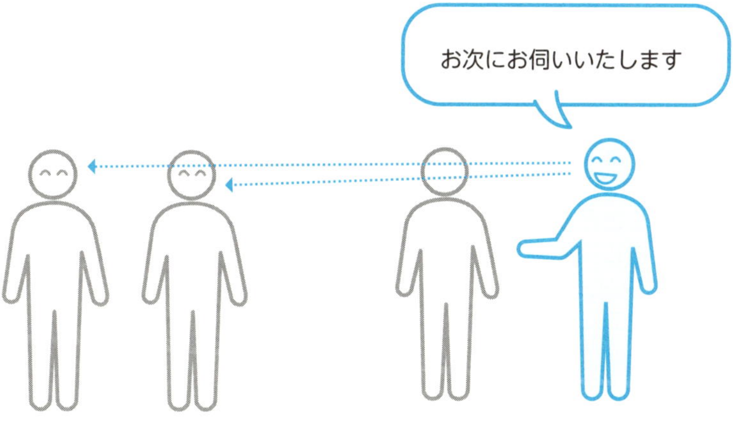
お次にお伺いいたします

Column ❼

わからないことはまとめて聞こう

わからないことはたくさんある。でも、周りの先輩は皆さん忙しそうで、話しかけにくい雰囲気……。迷惑はかけたくないし……。

仕事を始めたばかりの頃は、私もそのように戸惑っていました。しかし、当時の私だけではなく、現在お店をまわっていても、同じような悩みを持っているスタッフは多いように思います。

聞きたいけれど、聞きにくい……だから、聞かない。そんな判断をしている光景も見かけます。このような状況ではどう考え、どのように取り組めばよいのでしょうか？

まず、聞くか聞かないかについて、一度お客様の立場で考えてみましょう。知識のあるスタッフと、わからないことだらけのスタッフ、お客様はどちらから買いたいと思うでしょうか？　明らかに知識のあるスタッフからですよね。

また、知識を増やそうとしているスタッフと、知らないことは放ったらかしのスタッフ。どちらから気持ちよく買い物ができるでしょうか？きっと、前者のほうでしょう。

ここからわかるように、お客様のためにも、聞きにくいからといって聞くことをやめる、という考えは避けなくてはいけないと言えます。

では、どうしたらいいのか。私は、わからないことや知りたいことをメモし、まとめて聞いていました。聞く際は、「今、５分ほどお時間よろしいですか？」と確認をすることを忘れてはいけません。

わからないことをまとめておくと、聞く頻度も少なくてすむため、先輩の時間をそれほど取ることもありませんし、聞く前に時間をいただけるかどうかの確認を取ることで、相手も気持ちよく答えてくれるようになります。

聞き上手になると、たくさんの知識や情報を吸収することができます。ぜひ、お客様に対して聞き上手なだけでなく、先輩に対しても聞き上手になることを目指しましょう。

お客様が
また来たくなる
接客サービス

Part 8

01

「すごいサービス=お客様満足」ではない

わかっているけれどできていないことに取り組もう

オンリーワンのサービスが必要なのか？

お店の支援をさせていただいていると、「うちだけの特別なサービスをしたいんです」という声を聞くことがあります。独自のサービスをしないと選んでもらうことはできない、と考えている方が多いようです。はたして、本当にそうなのでしょうか？

私が1000店舗以上のお店を見てきて感じたことは、選ばれ続けるお店や選ばれ続けるスタッフたちは、ほとんどがお金をかけたサービスはしていないということです。

ではなぜ、選ばれ続けるのか？　それは「基本の徹底」という土台の上に「お客様にとってちょっぴりうれしい」エッセンスを盛り込んでいるからです。

ここで言う「お客様にとってちょっぴりうれしい」とは、

- 笑顔で接客してくれる
- 入店したらすぐに気づいてくれる
- 気遣いが伝わるひと言がある
- 商品の説明がわかりやすい
- 親身になって話を聞いてくれる
- 自分に合った商品を提案してくれる
- 担当以外のスタッフも温かい

などです。新しいものを求めるのではなく、「わかっているけれど、できていないこと」に取り組んでいきましょう。それがお客様の満足度向上につながっていくはずです。

選ばれ続けるお店の共通点

❶ 基本の徹底

- 店内が見やすい
- 店内がきれい
- 入退店時の挨拶がある
- お客様のほうを見て挨拶をしている
- お客様には敬語で話す
- お客様がキョロキョロと何かを探している様子が見えたら声をかける
- わからないことはあいまいにせず確認する
- お買い上げの際には「ありがとうございます」と感謝をお伝えしている

❷ お客様にとって「ちょっぴりうれしい」の実践

- 笑顔で接客してくれる
- 親身になって話を聞いてくれる
- 入店したらすぐに気づいてくれる
- 合った商品を提案してくれる
- 気遣いが伝わるひと言がある
- 担当以外のスタッフも温かい
- 商品の説明がわかりやすい

CHECK！

❶の土台があるからこそ、❷が生きる！

02

基本的なことのレベルを上げていこう

ほんの少しの違いで、「基本の接客」に差をつけよう

ディズニーランドに学ぶ基準づくり

ディズニーランドに行かれたことがある方は思い出してほしいのですが、園内がとてもきれいですよね。ゴミが全然落ちていない。床にシミもできていない。清掃しているスタッフが多いとはいえ、あれほど広い敷地で、なぜどこに行ってもあれほどきれいなのでしょうか。

ディズニーランドでは、「そこで赤ちゃんがハイハイできるか」という基準で清掃しているそうです。確かにハイハイしても大丈夫なレベルだと、ピカピカでなくてはいけません。「きれいにする」は基本的なこと。でも、その基準を上げることでお客様にとってより快適な空間が提供できるのです。

「笑顔で接客」はみんなできている

よく「笑顔で接客しましょう」と言いますが、ほとんどのスタッフは笑顔で接客できているのです。一瞬かもしれないし、限られたお客様にのみ向けられたものかもしれないけれど、笑顔は出ています。

であれば、「いつでも誰にでも笑顔で接客」と基準を上げてみましょう。そうすると、できている方はどれくらいいらっしゃるでしょう。きっとほとんどの方ができていないはずです。

「笑顔で接客する」という基本的なことも「いつでも誰にでも」と基準を上げると、とたんにできている人が減ります。ということは、それを実践することができれば、差をつけることができるのです。

「基本的なことはできている」と思い込まず、ほんの少し基準を上げるよう、取り組みましょう。それだけでもあなたの接客力は高まります。

「基本」の底上げをしよう

いらっしゃいませ。
こんにちは
こんにちは
ありがとう
ございました

「笑顔で接客」はできているけれど…

いらっしゃいませ。
こんにちは
こんにちは
ありがとう
ございました

基準を上げて「いつでも誰にでも」笑顔で接客すると、
与える印象は格段に変わります

03 お客様の気持ちが明るくなる褒め方のコツ

褒めるときは具体的に

お客様は「かわいいですね」は聞き飽きた

接客ではお客様を褒めることが重要、という認識が強まっているなか、誰かれかまわず、とにかく「かわいいですね〜」と褒めているスタッフを見かけることがあります。

本人は一生懸命褒めていると思うのですが、お客様は苦笑いです。なぜなら、「かわいいですね」「おしゃれですね」「すてきですね」は、あちこちのお店で言われているので、お客様の多くは聞き飽きてしまって、「どうせお世辞でしょ？」と感じているからです。

ちょっとしたエッセンスを加えよう

では、褒めることはやめたほうがよいのか？　というと、そういうわけではありません。思っていないのに褒めるのはどうかと思いますが、心から思ったことについてはぜひ、褒めて差し上げたほうがいいです。

その際、せっかく褒めるのであれば、お客様にいい気分になってもらえるよう、ちょっとしたひと言を加えてほしいのです。

それは、具体的に褒めること。「その鞄、かわいいですね」ではなく、「お持ちの鞄、よく見ると小さなお花の刺繍がされていてかわいいですね」と、どこがかわいいのか、どこがおしゃれに感じたのかを具体的に添えることです。

そうすることで、お客様は「ちゃんと見てくれた」「こだわりをわかってくれた」という気持ちを抱き、うれしい気分になってもらえる確率が高まります。特に女性のお客様にはとても効果的な褒め方です。

「かわいい」「すてき」は具体的に

その鞄、
かわいいですね！

「お客様の持ち物を褒める」だけでは、
「とりあえずマニュアルで言っているんだな」という印象

お持ちの鞄、
よく見ると花柄の刺繍が
入っているんですね。
とてもかわいいです

具体的に「どこがかわいいか」を褒めると、
「この人は私の鞄に興味を持ってくれている！」と好印象

ワンポイント

私はときどき研修で「ほめほめワーク」ということをします。褒める練習というよりも、褒められてどう感じるかを体感してもらうためのワークです。

このワークをすると、いつもほぼ全員の方が「恥ずかしいけれど、うれしい」と答えます。褒めるということはお客様に気持ちよく過ごしてもらうための重要なエッセンスと言えるでしょう。

04

一方的ではなく、双方向

質問でお客様の言葉を引き出す

接客はスタッフひとりでは成り立たない

一生懸命頑張っているのになかなか売れない、という方にはいくつかの共通点があります。そのひとつが、スタッフばかりが一方的に話してしまうこと。商品のよさを知ってほしい、お買い上げいただきたい、という気持ちがあるとどうしても、「あれもこれも伝えたい！」という気持ちになってしまいますよね。

でも、接客はスタッフひとりで成り立つものではなく、お客様の存在があってこそ成り立つものです。スタッフが必死に話を続ければ続けるほど、お客様の気持ちはついていけなくなり、離れていってしまうことも少なくありません。

双方向のカギは“質問”

先ほども触れましたが、接客を双方向にするためのカギは質問を入れることです。

例えば、話している最中に「こちらの商品にはいつ頃から興味を持ってくださっているんですか？」とか、「今回、購入にあたって一番こだわっている点はなんですか？」「いつもはどんな色（デザイン）を選ばれることが多いですか？」など、会話の中に意識的に質問を入れる。そうすることで、お客様に話してもらう機会を提供できます。

右ページを参考にしたり、他店の接客を受けて、「この質問を使ってみよう」と思うものをいくつか、いつも頭の片隅に置いておく癖をつけるといいでしょう。

双方向の接客をするための質問例

1	こちらの商品には、 いつ頃から興味を持ってくださっているんですか？
2	今回、商品を選ぶのに 一番こだわっている点はなんですか？
3	いつもはどんな色（デザイン）を 選ばれることが多いですか？
4	同じようなものはお持ちですか？
5	最近、失敗だったなと思う買い物は何かありますか？
6	前回、そちらの商品を選ばれたときは 何が決め手だったんですか？
7	以前に使っていたものの使い心地はいかがでしたか？

ワンポイント

質問を使いこなすには、慣れしかありません。最初はぎこちないと思いますが、ぜひ意識的に接客トークに質問を入れてみましょう。
回数を重ねることで、あなたの引き出しに質問のパターンが徐々に増えていき、お客様に合わせた上手な質問ができるようになっていきます。

05

気持ちを動かすメッセージの届け方

「私」を主語にして伝えよう

メッセージを変えればお客様の反応も変わる

下の２つのメッセージを比較してみてください。あなたが言われてうれしいのはどちらでしょうか？

A「あなたって、とても真面目だね」
B「私はあなたのことをすごく頼りにしているよ」

AもBもどちらも「あなた」のことを褒めています。しかし、多くの人はBのメッセージのほうがうれしいのではないでしょうか。なぜなら、メッセージの届け方に違いがあるからです。

Aは「あなた」が主語になっているのでＹＯＵメッセージ、Bは「私」が主語になっているのでＩメッセージと言われています。そして、相手の気持ちを動かすのはＩメッセージのほうなのです。

Ｉメッセージを接客の場面で使う

では、接客の場面でこのＩメッセージを使うにはどうしたらよいでしょうか？　私は「うれしい」という言葉を使うことをおすすめしています。試着時には「とてもお似合いなので、こちらを着ていただけるとうれしいです」、お見送り時には「またお立ち寄りいただけるとうれしいです」と、こちらの「うれしい」という気持ちを添えて伝えるのです。

接客のよさは、顔を向かい合わせてお客様と言葉を直接交わすことができることです。だからこそ、お客様に「私はうれしい」という気持ちをストレートに伝える。それも大切なことではないでしょうか。

お客様の気持ちを動かすIメッセージ

またお越しくださいませ

またお立ち寄りいただけるとうれしいです

ワンポイント

私は、自分の気持ちを伝えるということに抵抗感を持っていました。なんだか気恥ずかしかったからです。

でも、恥ずかしくても意識して伝えるようにしていくうちに慣れていき、今では指導先でスタッフがよい接客をしていると、「○○なところ、私はすごく好きです」と伝えずにはいられないほどになりました。

気持ちを伝えるようになって感じたことは、言葉にするからこそしっかり伝わるということです。もし、抵抗がある方はまずは日常生活の中から実践してみてはいかがでしょうか。

06

会話は「広げる」よりも「深める」

話題の数ではなく、質で盛り上がろう

お客様との会話が盛り上がらない……

業種にかかわらず、「お客様との会話が盛り上がらないんです」という悩みをよく聞きます。他には「お客様と何を話せばよいかわからない」という方も多いです。つまり、お客様とのコミュニケーションに苦手意識を持っている方が多いということです。

お客様の中には明るい方もいらっしゃれば、落ちついた方もいらっしゃるので、無理に盛り上げる必要はありませんが、やはりお客様の反応が薄いと不安になってしまいます。

「他には？」「具体的には？」を使ってみよう

会話が盛り上がらない、という方の接客を見ていると、ある共通点があります。それは、話題ばかり探してしまうこと。右ページ上のイラストのように、「ひとつ質問をしてお客様が答えてくれたら、またすぐに違う質問」という具合に、質問ばかりを重ねてしまうのです。

ここで、話題を「広げる」ではなく「深める」ことに意識を向けてみましょう。

深めることを助けてくれるのが「他には？」「具体的には？」という言葉です。会話にどのように盛り込むかは右ページ下のイラストを参照してみてください。深めることで話題が少なくても話が続きますし、お客様にも「私のことをよく知ろうとしてくれている」という気持ちを持ってもらいやすくなります。

「広げる」のではなく「深める」会話

広げる会話
何色がお好きですか？
青です
デザインのご希望は？
かわいい感じで
大きさは？
普通の大きさ
深める会話
何色がお好きですか？
青です
さわやかな色ですよね！ 他には好きな色はありますか？
白も好きですね
青と白、夏らしい感じですね デザインのご希望はありますか？
かわいい感じで
かわいい感じというと、具体的には丸みのある感じですか？ ハート型とかでしょうか？

ワンポイント

接客スタッフの中には、話題を深めることはお客様に失礼なのでは？と思っている方もいらっしゃいます。確かに、深く掘り下げた会話を好まないお客様もいらっしゃいます。

見分け方としては、まずは深めるための質問をしてみる。その際、お客様があいまいに言葉を濁したり、答えたくなさそうにしている様子を見たら、それ以上深めることはやめましょう。そうでない限りは、話題を深めて問題ありません。

07

チームワークでよりスピーディーに

待っている時間は長く感じるもの

スピードもサービス

あなたは飲食店で「注文してからけっこうな時間待っているのに、まだ来ないの？」と思ったことはないでしょうか？　お客様の立場に立つとわかるのですが、黙って待つことは接客している側が思っている以上に長く、苦痛なものです。

たとえ、お客様が楽しく接客を受けることができても、最後の会計時に長々と待たされると満足度が下がっていってしまいます。

だからこそ、私たちはお客様と会話をして、お買い上げいただくことばかりを意識するのではなく、お待たせする時間を短くするべくスピードも大切にしなくてはいけません。

分担作業で時間短縮

ここで効果的なのがチームワークを生かすことです。例えば、会計の流れを全部ひとりで行なう場合は、会計をして、包装をして、やっとお客様のもとへ戻れます。しかし、接客しているスタッフが会計をしている間に、手が空いているスタッフが商品の包装をしていれば、会計が終わったタイミングで商品がお渡しできる状態になっています。これでお客様が待つ時間はぐっと減ります。普段はひとりで行なっていることも、分担して２人３人で行なうことで、一気に時間を短縮できます。

まずは、あなたが手が空いているときに、誰かの手伝いを進んで行ないましょう。それを重ねることで、今度は他のスタッフがあなたの手伝いをしてくれるようになっていき、自然とチームワークが育まれていくはずです。

作業を分担して、お待たせする時間を短縮

NG

……
お会計は
4980 円になります

OK

お包みしておきますね
お会計は
4980 円になります

ワンポイント

他のスタッフの誰にも邪魔をされずに、ひとりで接客をするほうが気が楽だし、自分のペースで進められる、と考えているスタッフも少数ながらいらっしゃるようです。

しかし、ここで優先してほしいのは、あなたの気持ちではなく、お客様の気持ちです。迷ったときには、どちらがお客様にとってよいのか考える視点を大切にしていきましょう。

08

複数接客でおもてなし度アップ

担当のスタッフ以外も笑顔で声かけ

ファンが多いお店と少ないお店の違い

以前私がお手伝いをさせていただいた、ＡとＢという２つのお店があります。この２店舗は同じ会社のため、同じ商品を扱っており店頭に置いている商品数も、そしてスタッフ数もほぼ同じです。

それなのに「顧客」と呼ばれる「何度もいらしてくださるお客様」の数が全然違います。Ａ店はほとんどのお客様が１回きりのお買い物ですが、Ｂ店は何度も来てくださるお客様がたくさんいるのです。

Ａ店はいつもスタッフひとりで接客していて、他のスタッフは知らん顔です。一方、Ｂ店はそのお客様を接客していないスタッフも、お客様に「こんにちは」と声をかけたり、会計時などでお客様が待っている間には「今日はお仕事帰りなんですか？」などと、話しかけているのです。

お客様が感じる特別感がアップ

メインで接客している人以外から声をかけられたり、話しかけられるとお客様は「お店全体から大切にされている」と感じることが多いようです。

深く話し込む必要はありません。まずは、「こんにちは」とか、お客様が選んだ商品に「そちら、とてもお似合いでした」とひと言添えるだけでも十分です。

せっかくいらしてくださるお客様に、お店全体で歓迎している気持ちが伝わるよう、声をかけてみましょう。きっとお客様のうれしさもアップするはずです。

お店全体に大切にされている、と感じてもらおう

接客しているスタッフ以外は知らんぷり

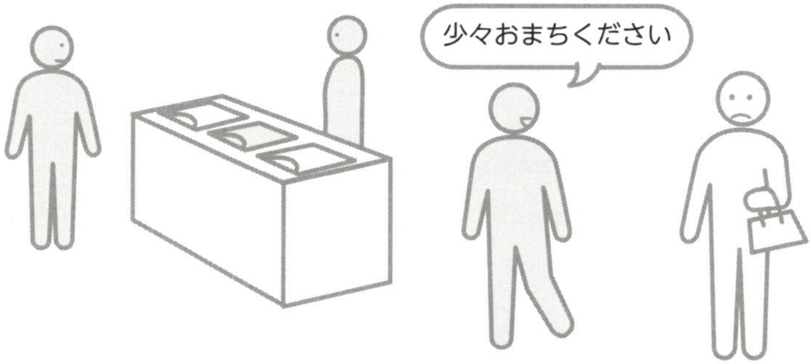
少々おまちください

他のスタッフも積極的に声かけ

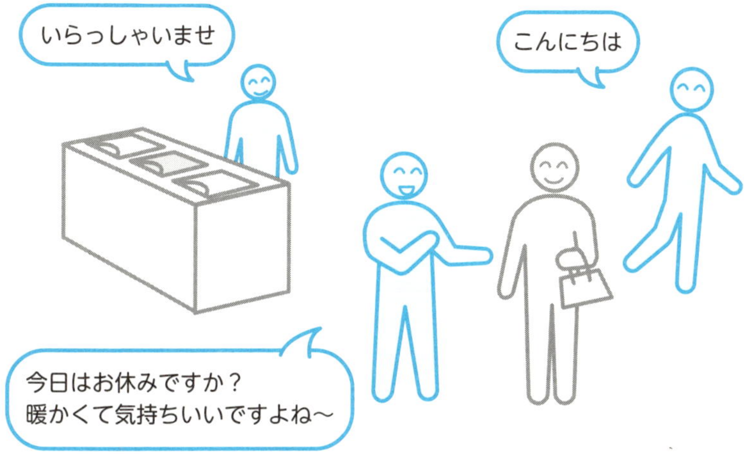
いらっしゃいませ
こんにちは
今日はお休みですか？
暖かくて気持ちいいですよね～

ワンポイント

　ある鞄店では、店頭のスタッフみんなが挨拶をしたり、声をかけたりすることで、お客様が再来店された際にすぐに気づけるようになりました。このことで、直接接客を担当したスタッフ以外でもスムーズにお客様と会話できるようになったそうです。

　チームワークを生かした接客は、お客様にとってだけではなく、お店側にとってもメリットの大きいことといえるでしょう。

09

店内での情報共有がお客様の不満足を解消する

「担当者がいないのでわかりません」とならないように

お客様が残念に思うとき

以前、スーパーでりんごを買ったときのことです。家に帰って切ってみると、中が真っ黒で腐っていました。スーパーに電話をして事情を話したところ、快く交換してくださるとのことだったので、30分後にそのりんごを持って、スーパーに行きました。

私は「りんごの件で先ほど電話をした者です」と、レジの方に切り出しましたが、その方は何のことだかわからない様子です。他のスタッフにも確認に行ってくれたのですが、誰も知らないとのことで、15分くらい待ちました。

結局、電話を受けてくださった方がすでに帰られてしまって、話が伝わっていなかったそうです。正直、電話で連絡をしておいたのにこれだけ待ったことは、気持ちのよいことではありませんでした。

いつもあなたが店頭にいるわけではない

他にも、例えばお客様から予約の注文を受けていたのに、情報が共有されていなかったために、来店されてもすぐに対応できなかった、など、同じようなことは、あなたのお店でも今までに起きたことがあるかもしれません。

接客していると、どうしても「今、目の前にいるお客様」だけに集中してしまいがちですが、お客様がいついらしても誰かが対応できるようにしておくことが大切です。ノートなどで引き継ぎをこまめにしておき、お客様に残念な思いをさせてしまうことを防ぎましょう。

店内での情報共有を習慣化しよう

今日は先日電話で○○の件をお問い合わせいただいたA様が14時頃に来店されます

お客様からのお問い合わせ、クレームなどは朝礼・夕礼でスタッフ全員が共有

鈴木
佐藤
木戸

スタッフ数が少なく、朝礼などを行なわない店舗は共有ノートをつける

ワンポイント

再来店のお客様数が多い店舗は、決まって情報共有に力を入れています。一方、情報共有をおろそかにしている店舗は、再来店のお客様数が少なく、クレームが多いです。

情報を共有することは地道な活動です。しかし、それがよいお店づくりにつながっていくのではないでしょうか。

10

会計時には「グッドチョイス！」を伝えよう

接客はお買い上げ決定後も続く

お買い上げが決まったら安心してしまっていませんか？

お客様が「これをください」と購入を決めた後、あなただったらどうしますか？　おそらく多くの方が「では、お会計は3980円です」という流れでお会計を進めるでしょう。でも、はたしてお客様は購入を決めた後、晴れやかな気持ちになっているのでしょうか？

お客様の中には「買います」と言ったものの、「これでよかったのかな？」「もっと他のお店を見てみなくてよかったかな？」と不安が残っている方もいらっしゃいます。そんな方をそのまま帰してしまったらどうなるか……。ちょっとしたことで「あー、やっぱりやめておけばよかった」と思ってしまう可能性が高いのです。

お客様が晴れやかに帰れるように

ここで、お客様が晴れやかな気持ちで帰れるよう私たちにできることは何か、考えてみましょう。私は会計時の「グッドチョイス！」のひと言をおすすめしています。

「きっと、この夏活躍してくれる１点になると思いますよ」「うちのスタッフたちもみんな好きな商品なんです」「お客様の優しい雰囲気が引き立って、本当にお似合いでした」など、お客様に「いい買い物をしましたね！」というひと言を添えるのです。

そうすることで、お客様はその商品を選んだことに対して安心感を抱きやすくなります。お客様に晴れやかな気持ちでお帰りいただくことも、私たちの大切な役割です。

お客様に「買ってよかった」と思っていただくひと言

いかがなさいますか？
じゃあ、
このストールください
ほんとうに買っちゃって
よかったかな。
派手すぎないかな……
ありがとうございます。
12800 円です

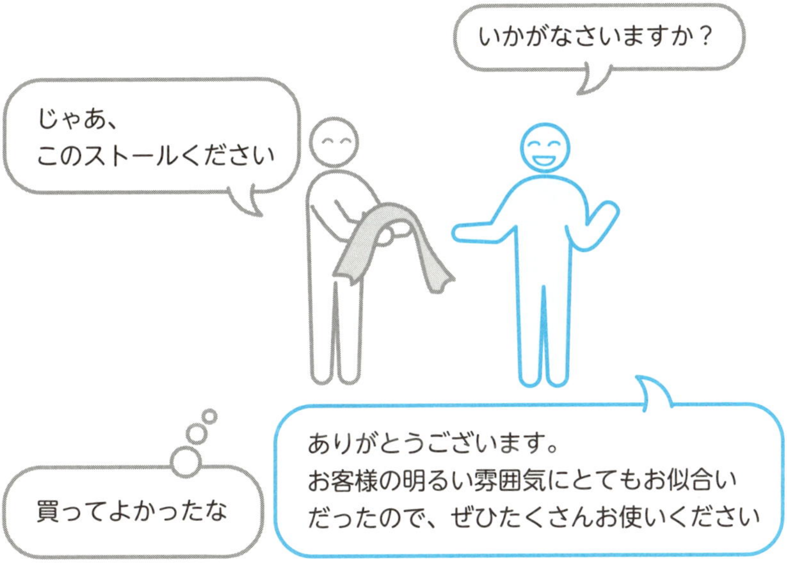
いかがなさいますか？
じゃあ、
このストールください
買ってよかったな
ありがとうございます。
お客様の明るい雰囲気にとてもお似合い
だったので、ぜひたくさんお使いください

11

1回の接客に一度は心遣いが伝わるメッセージを

マンネリ化した接客から抜け出すために

決まりきった言葉だけになってしまっていませんか？

何となくいつも通りにお客様に声をかけて、いつも通りに商品を説明して、何となくお見送りをして……と、どのお客様にもいつも慣れている接客の仕方をするだけ、の毎日になってしまっていないですか？

接客に慣れることは大切なことです。しかし、慣れ過ぎてしまって、どのお客様にも同じ対応しかできなくなってしまうと、ロボットが接客しているようで、残念ながらお客様は温かみを感じることはできません。

これまで、男女問わず数千名の接客スタッフを見てきましたが、売れるスタッフ、ファンの多いスタッフこそ、「ちょっとしたひと言」を大事にしていると感じます。「夕方から冷え込むようなので、体調崩されないようにお気をつけください」「朝早くからお立ち寄りくださり、ありがとうございます」など、心遣いの伝わるほんのちょっとしたひと言です。このちょっとしたひと言が、差につながっていくのだと思います。

目安を決めると取り組みやすくなる

慣れないことに取り組むことは難しく感じる方もいらっしゃるかもしれません。そんな方におすすめなのは、目安を決めるということです。

まずは、「１接客に１回、会計時に心遣いのひと言を添えよう」など、取り組めたかどうかを、自分で振り返ることができるような目安を決めます。そうすることで、１日の終わりに「今日は６名接客して、４名にはひと言を添えられた」と、達成度を自身で振り返って、「じゃあ、会計時に忘れてしまったときは、見送りをしながらお伝えしよう」と次につなげていくことができるようになります。

まずは1接客に1回、心遣いのひと言を

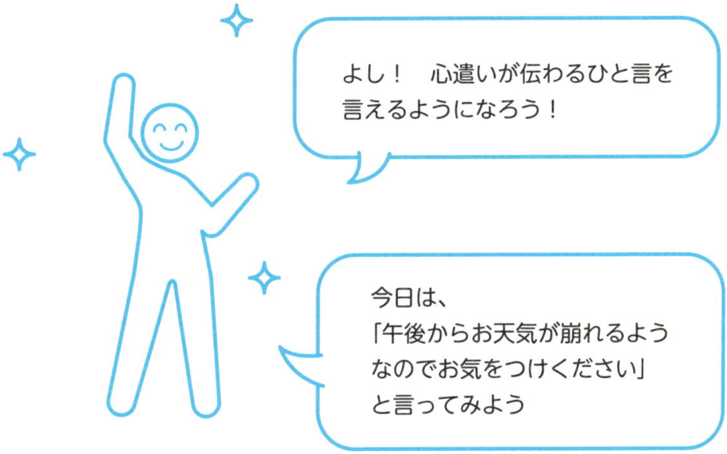

よし！　心遣いが伝わるひと言を
言えるようになろう！
今日は、
「午後からお天気が崩れるよう
なのでお気をつけください」
と言ってみよう

心遣いを伝えるおすすめのひと言

お客様との接客中の会話の内容から、
「ひと言」のネタを探してみましょう。

週末に行かれる温泉旅行、
ぜひ楽しんできてくださいね

さっきお話しされていたワンピース、
ぜひ見てみたいので、
よかったら今度着ていらしてください

お休みまであと3日。
お仕事頑張ってください

帰ってから夕飯の準備大変ですね。
尊敬してしまいます

お子様の野球の試合結果、
ぜひ今度いらした際に教えてくださいね

12

特別感が伝わる「具体的＋ありがとう」

ちゃんと見てくれている、と感じてもらえれば購入につながる

簡単だけど珍しいフレーズ

先日、あるお店のNo. 1スタッフに出会いました。そのお店は、割と高額な商品を扱っていますが、その女性スタッフが接客をすると、面白いほど売れていくのです。「彼女はどれほど独自のトークを持っているのだろう」と思い、1日そのスタッフの側で接客の様子を見ていました。

その女性はどんなスペシャルなトークを持っていたと思いますか？

実は、特に変わったトークはなかったのです。ただ、その女性スタッフは他ではあまり見かけないフレーズを持っていました。とても簡単なフレーズです。

お客様に特別感を感じてもらう

その簡単なフレーズとは、「具体的なひと言＋ありがとう」です。「雨の中、お立ち寄りくださり、ありがとうございます」「商品を試していただき、ありがとうございます」「お待ちくださり、ありがとうございます」と、何に対しての「ありがとう」なのかを具体的に伝えていたのです。

あるお客様に、「どうして、あのスタッフから購入を決めたのですか？」と聞いてみました。すると「あのお姉さん（女性スタッフ）は私をちゃんと見てくれていると思いました。だから、この人が言うことだったら間違いない、と思って買うことにしました」と教えてくれました。

このお客様の言葉からも、「具体的なひと言＋ありがとう」というメッセージは、お客様に「あなたのことをしっかり見ています」という気持ちが伝わる、特別感につながるメッセージなのだとわかります。

何に対しての「ありがとう」なのか、伝えよう

あ、
ありがとうございます

きれいに戻して
くださって、
ありがとうございます

使いやすい「具体的なひと言＋ありがとう」メッセージ

話を聞いてくださり、ありがとうございます

商品をお試しいただき、ありがとうございます

13

温かい見送りで印象に残ろう

「お客様との会話、ちゃんと覚えていますよ」ということを伝えよう

印象のサンドイッチを大切に

「接客においては第一印象が大切」と、聞いたことがあると思います。もちろん、第一印象はとても重要です。しかし、第一印象がピカイチでも、帰り際に素っ気ない態度だったり、無表情で機械的に「ありがとうございます」と言っていたら、お客様はどんな気持ちになるでしょうか。

おそらく、「感じがいいのは買うまでだけなんだな」と思ってしまうでしょう。もしかしたら、最初のいい印象を忘れて「なんだかすごく感じが悪い店員だった」と思われてしまうかもしれません。せっかく一生懸命接客をしているのに、そんな印象を持たれてしまっては残念です。

お客様が気持ちよく接客を受けて、気持ちよく帰ることができるように、最初と最後に好印象を残す「印象のサンドイッチ」を大切にしていく必要があります。

「あなたのことを覚えている」と伝わるお見送りを

接客を通してお客様が最も喜んでくださるのは、お客様が「この店員は私のことをちゃんと覚えてくれている」と感じられるときだと思います。たった1回の接客でも「あなたとの会話をしっかり覚えていますよ」というメッセージは伝えることができます。

それが、接客中に得た情報を添えて、お見送りをすることです。例えば、週末にジムに行くということを接客中に聞いていたら「週末、ジムで気持ちのいい汗を流されてきてくださいね」と、ひと言添えてお見送りをする。そうすることで、「接客中のお客様との会話を覚えています」という気持ちが伝わります。

お見送り時には、接客中に得た情報を添える

ありがとうございました

ありがとうございました。
週末の登山、気をつけて
楽しんできてください。
またお立ち寄りいただけると
うれしいです

ワンポイント

「あなたのことをちゃんと覚えていますよ」という気持ちを伝えるために、2回目に来店された際には「前回はピンクのアイシャドウでかわいらしい雰囲気でしたが、今日は茶系で大人っぽい感じですね」と、あえて前回のことを触れるのもお客様の心をつかむひとつのテクニックです。

そのためには、顧客名簿にお客様の特徴をメモしておくなど、日頃から意識していくことが重要です。

14

お客様の期待をほんの少しだけ超えよう

「自店に期待されていること」を認識する

「なんか気持ちがいい」と感じるとき

あなたがファーストフード店でお昼ご飯を食べようとするとき、どんなことをそのお店に期待して行きますか？　おそらく、大半の方が「早くて、手軽に食べられる」「手頃な割においしい」などを期待して行くのではないでしょうか。そこで、思っていた以上に商品の提供が早かったとか、接客をしたスタッフの笑顔が爽やかで「コーヒーは熱いのでお気をつけください」など、気遣いのひと言を添えてくれたらどう感じるでしょうか？

全員が同じ気持ちになるとは限りませんが、多くの方は「なんとなく気持ちがいい」「なんとなく感じがよかった」と感じることでしょう。これは、お客様が「自分の期待以上の経験」ができたからです。

お客様満足度を高めるためには、ものすごいことなんてしなくていいのです。お客様の期待をほんの少しだけ超える、その意識と行動がお客様の満足度を上げ、「また行きたいお店」になっていくのです。

お客様があなたのお店に期待していることは？

お客様の期待を超えるためには、まず、お客様がどんなことを期待してあなたのお店に来店しているのかを認識しておく必要があります。

一度「お客様はどんなことを期待して、うちのお店に来てくれているのだろう？」と考えて、箇条書きでいいのでたくさん挙げてみましょう。他のスタッフや、友人に聞いてみてもいいでしょう。そうすることで、期待を超えるにはどんなことをすればよいか、ヒントが見えてくるはずです。

お客様の期待を「少しだけ」超えよう

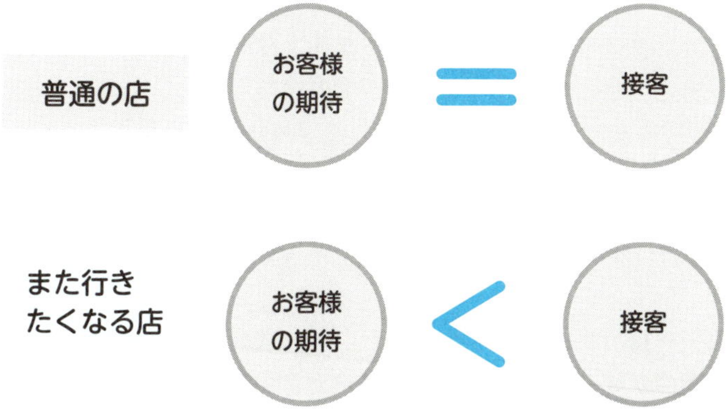
普通の店
お客様の期待
接客
また行きたくなる店
お客様の期待
接客

お客様があなたの店に期待していることは、なんでしょう？

いつも新商品が入荷している
好みのデザインの商品が置いてある
他店よりも安い

CHECK **まずは自店に期待されていることに応えた上で、できることを考え実行するのが、お客様の期待を超えるコツ！**

Column 8

毎日の積み重ねが
トップ販売員をつくる

以前、あるアクセサリー店で出会った女性スタッフのお話です。そのスタッフは出会ったとき、店内で中位程度の順位でした。そのとき細かく何か所も改善点をお伝えし、次に伺ったのは数か月後……。

彼女は店内でトップとなり、みんなを引っ張っていく存在となっていました。もしかしたら、「購買意欲の高いお客様ばかりを運よく接客できているのかもしれない」、私はそんなことを思ってしまったほどです。

そんな思いを持ったまま接客を見たところ、驚きました。以前お伝えしていた問題点がすべて改善され、意識するようにお伝えしたポイントも、すっかり彼女の接客としてなじんでいたのです。

私はすぐにこれまでどう過ごしてきたのかを聞きました。すると、彼女から返ってきた答えは「毎日、意識していました」でした。

姿勢がよくないと指摘をしたので、毎日鏡の前で自分の立ち姿勢をチェックしていたそうです。また、最初の声かけもアドバイスをしたことを実践するため、接客前に「こう声をかけよう」と復習をして臨んでいたそうです。

そして接客が終わったら、すぐに以前指摘を受けたメモを見返し、できていたかどうかを振り返っていたということです。毎日毎日、その繰り返し。それが彼女をトップ販売員へと押し上げたのでした。

重ねて彼女はこうも言っていました。「最初は全然できなかったんですよ。でも、毎日続けていたら、ポイントも頭にちゃんと入るようになり、少しずつできることが増えていきました」と。

意識する。できていたかどうか振り返る。彼女が取り組んでいたことは特別難しいことではありません。しかし、この「小さなことを毎日続ける」ということをできる方はなかなかいないでしょう。

彼女から、小さなことを積み重ね続けることが売れるための一番の近道だということを学ばせていただきました。

おわりに

失敗を恐れずに、何度でも繰り返そう

最後までお読みいただき、ありがとうございます。
初心に戻れた部分や、「さっそくやってみよう」と思っていただけるポイントがあったでしょうか？　ひとつでも２つでも、そんなポイントがあればうれしいです。

ここで少しプライベートなことについてお話をさせてください。私には５歳の娘がいます。生まれてからスクスクと育ち、触り心地抜群のムチムチボディに成長しています。
しかし、できないことがとにかくたくさんある子でした。目安の時期になっても寝返りが打てない。保育園では周りの子が歩いているのに、まだ立てない。周りの子たちは普通食を食べ始めているのに、我が子はまだ母乳のみ……。何もかもが周りの子より遅かったのです。

ですが、今は公園を走り回っていますし、手紙を書くのも好きですし、黙っている瞬間がないのでは、というほどよくおしゃべりをしています。あれほどいろいろな面で遅れていたのに、今ではまったくです。
子どもの成長のすごさには日々学ばされます。よく「子どもは何でも吸収するスポンジのよう」と言われることもありますが、子どもを見ていると、成長する上で大切なことを実践しているんですよね。
それは、完全ではなくてもやってみるということ。例えば、「がんばる」を「ばんがる」と言ったり、「A、B、スー、ワイ、ファイ、オン～♪」と、意味がわからないアルファベットの歌を大きな声で歌ってみたり。とにかく失敗を怖がらないのです。
そして、それをこれでもかというほど繰り返すのです。アルファベットの歌も、聞きながら歌い、聞きながら歌いを繰り返すうちに、あれほ

どハチャメチャだったのに３、４日でほとんど完璧に歌えるようになっているのです。

きっと多少の差はあれど、誰もがそんな幼少期を経てきたはずです。しかし、大人になるにつれ、試してみることを避けるようになり、繰り返さなくてもできることだけをやるようになっていってしまう。成長に大切なものを本当は誰もが持っているはずなのに、日々の忙しさに紛れてどこかに落としてしまっているのかもしれません。

先日、１通のメールが届きました。

「鈴木さんがセミナーで言っていたことをひとつずつ実践していったら、お店で１位になりました。店長にも褒められて、今、接客がすごく楽しいです」と。

とてもうれしかったです。売れるようになることもそうですが、「今、接客がすごく楽しいです」というフレーズが何より印象的でした。売れるって、やっぱり楽しいことなのです。だから、しつこいし、押しつけに感じられるかもしれませんが、売れることで感じる楽しさを知ってほしいと心から思うのです。

そのためには、何と言っても繰り返すことです。

試してみて、うまくいかないと「あーあ」と残念に思ってしまうかもしれません。「ほら、やっぱり自分には合っていないんだよ」と思いたくなってしまうかもしれません。

でも、ぜひ、うまくいったり、うまくいかなかったりするその過程も楽しんでしまいましょう。10回うまくいかなくたっていいじゃないですか。30回うまくいかなくたっていいじゃないですか。次の回からうまくいくかもしれない。そんな思いで取り組んでいきましょう。

あなたのよさが、あなたの扱っている商品やサービスのよさが、今よりもっと伝わること。そして、あなたがお客様とつながりを感じながら、楽しく接客に臨めること。１日も早くそんな日が来ることを心より願っています。

最後の最後に、声をかけてくださった同文舘出版の津川さん、たくさん迷惑をかけながらも温かくサポートしてくださった編集担当の石川さんをはじめ、編集部の皆さん、本当にありがとうございます。

2014年６月

鈴木比砂江

著者略歴

鈴木比砂江（すずき ひさえ）

ビジューライフ株式会社　代表取締役
北海道生まれ。大学生時代、オープニングスタッフとしてマクドナルドでアルバイトを始め、接客コンテストで全国１位受賞。大学卒業後、上京しルイ・ヴィトンへ入社。入社３か月はまったく売れず、接客の楽しさを見いだせなくなるが、試行錯誤の末、お客様として他業種の接客から学ぶ手法により、入社３年目に年間売上２億円を超え、トップセラーとなり、表彰される。
その後、人のやる気に興味を持ち、ベンチャー企業へ入社。人事の責任者として、主に新卒・中途採用、新卒研修やリーダー研修などの教育を担当・統括する。仕事にやりがいと充実感はあったものの、出産を機に退社。
現在は、「売上が伸びる接客」を広めるべく、研修、講演、店頭指導、コンサルティングなどで活動中。サポートしてきた企業は、ショッピングセンター、洋服店、雑貨店、ディーラー、お土産店、化粧品店、スポーツ店など60以上の業種にわたる。平均伸び率は昨対比120％を超え、半年の指導で昨対比723％の店舗も出ている。
わかりやすく、また客層や商品の価格、スタッフのキャラクターなど現場を理解した指導法に定評があり、そのリピート率は94％を超える。
著者に『お客様の「欲しい」「買いたい」を引き出す！　スタッフの接客力を強化する５つのステップ』（同文舘出版）、『元ルイ・ヴィトンの販売実績No.1が伝える 売上が伸びる接客』（かんき出版）がある。
■ブログ　http://ameblo.jp/bijou-life1

店長とスタッフのための
接客 基本と実践

平成26年7月2日　初版発行
令和 元 年7月25日　4刷発行

著　者 —— 鈴木比砂江
発行者 —— 中島治久
発行所 —— 同文舘出版株式会社
東京都千代田区神田神保町1-41　〒101-0051
電話　営業03（3294）1801　編集03（3294）1802
振替00100-8-42935
http://www.dobunkan.co.jp

ISBN978-4-495-52751-8
印刷／製本：萩原印刷
Printed in Japan 2014